パフェ
Parfait
フルーツカットのテクニック、
デザインと盛りつけのメソッド

柴田書店

Parfait

パフェという言葉にはノスタルジックな響きがあります。

甘いクリーム、たっぷりのフルーツ、
冷たいアイスクリーム、サクサクとした生地。
幼い頃に食べた特別なおいしさ。

日本生まれのこのスイーツがいま、あらたな進化をはじめています。

進化の担い手は老舗のフルーツパーラーや、パティシエたち。

この本では、昔ながらのなつかしさはそのままに、
昔よりもずっとおいしく、ずっと美しくなったパフェの数々をご紹介します

Contents

1 みんな大好き 定番フルーツのパフェ

モモ
パルフェビジュー ペシュ
〜カモミールミルクジェラートとともに〜
パティスリィ アサコ イワヤナギ …… 8・10

ペッシェ ピスターシュ
パティスリー ビヤンネートル …… 9・13

山梨県産白桃のパフェ
タカノフルーツパーラー …… 16・18

大人の桃パフェ
ホテル インターコンチネンタル
東京ベイ ニューヨークラウンジ …… 17・20

イチゴ
イチゴのパフェ
デセール ル コントワール …… 22・24

大人の苺パフェ
ホテル インターコンチネンタル 東京ベイ
ニューヨークラウンジ …… 23・26

イチゴのサントノーレ
ノイエ …… 28・30

苺とローズマリーの
ロゼサバイヨン
アトリエ コータ …… 29・32

イチゴのパフェ
フルーツパーラーフクナガ …… 34・36

白いいちご(淡雪)の入った
5種のいちごのパフェ
フルーツパーラー ゴトー …… 35・38

栃木県産スカイベリーのパフェ
タカノフルーツパーラー …… 40・42

マンゴー
マンゴーパフェ
アステリスク …… 41・44

マンゴーローズブーケのパフェ
カフェコムサ 池袋西武店 …… 46・48

宮崎県産マンゴーのパフェ
タカノフルーツパーラー …… 47・50

ブドウ
ブドウのパフェ
フルーツパーラーフクナガ …… 52・54

シャインマスカットと
ピオーネのパフェ
タカノフルーツパーラー …… 53・56

パルフェビジュー レザン
〜ピスタチオジェラートとともに〜
パティスリィ アサコ イワヤナギ …… 58・60

葡萄とプラリネノワゼット
パティスリー ビヤンネートル …… 59・62

イチジク
3種の利きいちじくパフェ
カフェコムサ 池袋西武店 …… 65・66

イチジクのパフェ
トシ・ヨロイヅカ 東京 …… 68・70

ビオレソリエスのパフェ
タカノフルーツパーラー …… 69・72

サクランボ
チョコミントチェリーのパフェ
アトリエ コータ …… 74・76

大人のさくらんぼパフェ
ホテル インターコンチネンタル 東京ベイ
ニューヨークラウンジ …… 75・78

フルーツパーラーのフルーツパフェ
フルーツパフェ
フルーツパーラーフクナガ …… 82・84

フルーツパフェ
フルーツパーラーゴトー …… 82・88

千疋屋スペシャルパフェ
千疋屋総本店フルーツパーラー
日本橋本店 …… 83・92

フルーツパフェ
タカノフルーツパーラー …… 83・96

洋ナシ
洋梨のパフェ
フルーツパーラーフクナガ …… 100・102

洋梨といちごのパフェ
カフェコムサ 池袋西武店 …… 101・104

パルフェビジュー ポワール
パティスリィ アサコ イワヤナギ …… 106・108

大人の栗と洋梨のパフェ
ホテル インターコンチネンタル
東京ベイ ニューヨークラウンジ …… 107・110

クリ
栗のパフェ
ノイエ …… 112・114

和栗と赤スグリ
パティスリー ビヤンネートル …… 113・116

カシスマロンパフェ
アステリスク …… 118・120

パーフェクト・マロン
パティスリー ＆ カフェ デリーモ …… 119・122

メロン
メロンのパフェ
フルーツパーラーフクナガ …… 124・126

静岡県産マスクメロンのパフェ
タカノフルーツパーラー …… 125・128

マスクメロンパフェ
千疋屋総本店フルーツパーラー
日本橋本店 …… 130・132

パルフェ・オ・ムーラン
トシ・ヨロイヅカ 東京 …… 131・134

バナナ
バナナチョコレートパフェ
千疋屋総本店フルーツパーラー
日本橋本店 …… 136・138

いちごとバナナのチョコパフェ
フルーツパーラー ゴトー …… 137・140

2 ちょっとめずらしいパフェ

3 チョコレート、お茶、コーヒーのパフェ

 カキ
柿のパフェ
フルーツパーラーフクナガ…………150・152

甲州百匁柿のパフェ
フルーツパーラー ゴトー…………151・154

 柑橘
デコポンと国産柑橘のパフェ
タカノフルーツパーラー…………156・158

12種の柑橘系のパフェ
フルーツパーラー ゴトー…………157・160

レモンのパフェ
ノイエ…………164・166

**ピスタチオと
グレープフルーツのパフェ**
デセール ル コントワール…………165・168

紅まどんなのパフェ
ノイエ…………170・172

 トマト
トマトとバジルのパフェ
デセール ル コントワール…………171・174

 アンズ
ピスタチオと杏のパフェ
アトリエコータ…………176・178

 プラム
プラムカシス
パティスリー ビヤンネートル…………177・180

 リンゴ
**シナノスイートと
とちおとめのパフェ**
タカノフルーツパーラー…………184・186

 ナシ
和梨のパフェ
タカノフルーツパーラー…………185・190

 キウイ
キウイのパフェ
タカノフルーツパーラー…………192・194

 スイカ
スイカとチョコレートのパフェ
カフェコムサ 池袋西武店…………193・196

 チョコレート
**パルフェ・オ・ショコラ・
ア・ラ・トシ**
トシ・ヨロイヅカ 東京…………208・210

トリュフのパフェ
デセール ル コントワール…………209・212

ダム・ブランシュ
パティスリー ＆ カフェ デリーモ…………214・216

マンハッタンベリー
パティスリー ＆ カフェ デリーモ…………215・220

 抹茶
抹茶とほうじ茶のパフェ
トシ・ヨロイヅカ 東京…………220・222

利休
パティスリー ＆ カフェ デリーモ…………221・224

 コーヒー
コーヒーとブランデーのパフェ
アトリエコータ…………226・228

 紅茶
ロイヤルミルクティー
パティスリー ＆ カフェ デリーモ…………227・230

**カフェ中野屋が切りひらく
パフェの新天地と
そのアイデア**…………142

**フルーツパーラーフクナガの
シャーベット**…………198

**フルーツパーラーゴトーの
アイスクリーム**…………202

**ショコラティエの
チョコレートテクニック**…………206

グラスコレクション…………81・99

◎取材店紹介
アステリスク…………233
アトリエコータ…………234
カフェコムサ…………235
カフェ中野屋…………236
千疋屋総本店フルーツパーラー
日本橋本店…………237
タカノフルーツパーラー…………238
デセール ル コントワール…………239
トシ・ヨロイヅカ 東京…………240
ノイエ…………241
パティスリィ アサコ イワヤナギ…………242
パティスリー ビヤンネートル…………243
パティスリー＆カフェ デリーモ…………244
フルーツパーラーゴトー…………245
フルーツパーラーフクナガ…………246
ホテル インターコンチネンタル
東京ベイ ニューヨークラウンジ…………247

撮影／中島聡美
デザイン／飯塚文子
編集／井上美希

本書を使う前に

◎本書掲載のパフェは取材時に提供されていたもので、現在は提供されていないものもあります。

◎材料や商品名、つくり方は取材当時のものです。

◎分量はすべて取材店の仕込み量です。

◎商品名やパーツの名前は取材店の呼称に準じます。

◎バターは無塩バターを使います。

◎材料名の後の名称は取材店が使っているものの商品名とメーカー名です。

◎オーブンは機種や設置場所によって熱の入り方がちがいます。本書の焼成温度、時間は目安です。
　お使いのオーブンにあわせて調整してください。

◎ハンドミキサーで混ぜる時間や速度は機種によって変わります。
　生地やクリームの状態をよくみて調整してください。

《用語について》

◎アパレイユ：材料を混ぜ合わせた生地や種。

◎キャラメリゼ：砂糖を溶かして焦がし、褐色に色づいた香ばしい状態にする。

◎クレーム・シャンティイ：泡立てた生クリームのこと。

◎クレーム・ダマンド：アーモンドパウダー、砂糖、バター、卵などでつくるクリーム。

◎クレーム・ディプロマット：クレーム・パティシエールに泡立てた生クリームを加えたもの。

◎クレーム・パティシエール：フランス語でカスタードクリームのこと。

◎ソース・アングレーズ：卵黄、牛乳、砂糖などをあわせ、とろみがつくまで熱したもの

1

みんな大好き
定番フルーツのパフェ

モモ

イチゴ

マンゴー

ブドウ

イチジク

サクランボ

フルーツパフェ

洋ナシ

クリ

メロン

バナナ

パルフェビジュー ペシュ 〜カモミールミルクジェラートとともに〜

パティスリィ アサコ イワヤナギ
（岩柳麻子）

やわらかくて甘い山梨県産のモモを常温で食べごろまで追熟させてたっぷりと盛り、
さらにジェラート、コンポート、ジュレを重ねている。
さわやかな酸味のヨーグルトクリームを添えてさっぱりと仕上げた夏らしい味わい。

ペッシェ ピスターシュ

パティスリー ビヤンネートル（馬場麻衣子）

モモの淡い色あいにピスタチオの薄緑が映えるのでは、という思いつきから試したところ、
モモのさわやかさとピスタチオのコクや香りが好相性だったため、この構成に。
ピスタチオのジェラートはモモのソルベにくらべて量を少なくし、味わいのバランスをとっている。

パルフェ ビジュー ペシュ ～カモミールミルクジェラートとともに～

パティスリィ アサコ イワヤナギ（岩柳麻子）

◎アメ…適量

モモ（くし形切り）…60g

◎モモのジェラート…50g

◎カモミールとミルクのジェラート…50g

◎白ワインのジュレ…50g

モモ（1〜2cmの角切り）…120g

◎ヨーグルトとハチミツのクリーム…30g

◎モモのコンポート…80g

◎モモのジュレ…40g

◎フランボワーズのソース…20g

》》盛りつけ

❶ フランボワーズソースを入れる。

❷ モモのジュレをスプーンですくって入れる。

❸ くし形切りにしたモモのコンポートを中央があくようにずらしながら重ね入れる。

❹ モモのコンポートを入れ終えたところ。このように中央をあけて入れる。

❺ ヨーグルトとハチミツのクリームを3であけておいた中央に入れる。

❻ 角切りにしたモモをグラスの縁にそって入れる。

❼ 白ワインのジュレをスプーンでくずしてのせる。

❽ カモミールとミルクのジェラートとモモのジェラートを1スクープずつのせる。

❾ くし形切りにしたモモとアメを飾る。

◎アメ

1 天板にシルパットとオーブンペーパーを順に敷き、パラチニット適量を楕円形におく(**a**)。

2 オーブンペーパーとシルパットをのせ(**b**)、180℃のオーブン(ダンパーは開けた状態)で10～20分加熱する。

3 途中、ときどきオーブンから出してオーブンペーパーをめくり、様子を見る(**c**)。白い部分が残っていれば、さらに加熱する。

4 完全に透明になったら、そのまま冷ます(**d**)。完全に冷めたら適当な大きさに割り、乾燥剤とともに密閉容器に入れて保存する。

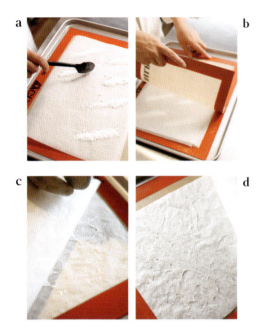

◎モモのコンポート

1 銅鍋に白ワイン(甲州産)300g、水300g、グラニュー糖160g、レモン果汁30g、バニラペースト1～2gを入れて沸かす。

2 モモ(山梨産)大2個(約1kg)は3つに切り(**a**)、中央の1切れは種と実を切り分ける(**b**)。(**c**)はモモ1個を切り分け終えたところ。すべて皮をむく。小さいモモなら、半割りにして種付きのまま皮をむく。

3 2の実と種を1に入れてひと煮立ちさせ、オーブンペーパーを落し蓋がわりにのせる(**d**)。弱火にして15～20分煮る。種とともに煮ると、きれいなピンク色になる(皮も入れるとさらに濃いピンク色になるが、ここでは淡い色合いにとどめたいので皮は入れない)。

4 実が半透明になり、角がとれてきたら(**e**)、火を止めて、煮汁を漉す(**f**)。実は冷まし、煮汁は熱いうちにジュレにする(右記)。

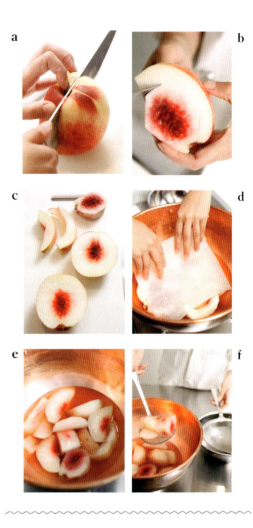

◎モモのジュレ

1 モモのコンポート(左記)の煮汁が熱いうちに重量をはかり、その1.5%の板ゼラチンを氷水でふやかす(**a**)。

2 板ゼラチンを1の煮汁に加えて混ぜ(**b**)、余熱でとかす。保存容器に漉し入れ(**c**)、冷蔵庫で冷やしかためる。

◎モモのジェラート
1 モモは皮と種を取り除き、食品用漂白剤を600倍に希釈した殺菌水に30分以上つけてから水洗いし、ブレンダーでピュレ状にする。
2 ブレンダーに、1のモモのピュレ1.1kg、水500g、アガペシロップ400g、レモン果汁22g、シャーベット用安定剤（「シャーベットベース」（コンプリタール社）4gを入れ、なめらかになるまで回す。
3 アイスクリームマシーンに20分以上かける。

◎カモミールとミルクのジェラート
1 生クリーム（乳脂肪分38％）200gを沸かす。カモミール（茶葉）40gを加えてフタをし、香りがうつるまで数分蒸らす。
2 ブレンダーに1、アガペシロップ30g、ミルクベース*1250gを入れ、なめらかになるまで回す。
3 アイスクリームマシーンに18〜20分かける。
＊：脱脂粉乳210gと安定剤（ミルクジェラート用）24gを混ぜ合わせ、生クリーム（乳脂肪分38％）520g、アガペシロップ960gを加え混ぜる。ジェラート用のパスチャライザー（加熱殺菌と急冷を行なう機器）にかけてから使う。

◎白ワインのジュレ
1 鍋に、白ワイン300g、水300g、グラニュー糖160g、レモン果汁30g、バニラペースト1〜2gを入れて火にかける。
2 ひと煮立ちしたら火を止め、氷水でふやかした板ゼラチン約12gを加えて溶かす。
3 保存容器に移し、冷蔵庫で冷やしかためる。

◎ヨーグルトとハチミツのクリーム
1 ヨーグルトはキッチンペーパーを敷いたザルに入れて30分水切りする。
2 水切りしたヨーグルトと同じ重量の生クリーム、生クリームの重量の10％のグラニュー糖、水切りしたヨーグルトの重量の15％のハチミツを用意する。
3 2の生クリームにグラニュー糖を加え、8分立てにする。
4 1と3を混ぜ合わせ、2のハチミツを加えて混ぜる。

◎フランボワーズのソース
1 鍋にフランボワーズのピュレと冷凍のフランボワーズを1：1の重量で合わせ、総重量の30％のグラニュー糖を加える。
2 グラニュー糖の3％のNHペクチンを1に加え、火にかけてひと煮立ちさせる。粗熱がとれるまで常温におく。

パフェとドリンクペアリング
パフェはドリンクとのセットで提供。ここであわせたのは、イタリア産スパークリングワイン。フルーティーな甘みとすっきりとした後口で、モモのさわやかな味わいがぐっと引き立つ。

ペッシェ ピスターシュ
パティスリー ビヤンネートル（馬場麻衣子）

- ミント…適量
- フランボワーズ（半割り）…1粒分
- モモ（山梨産「あかつき」・くし形切り）…1切れ
- ◎ブラック・ショコラ…適量
- ◎モモのクレーム・シャンティイ…25g
- ◎白桃のパンナコッタ…20g
- ◎モモのコンポート（愛媛県産「なつおとめ」）…3切れ
- ◎シュトロイゼル…8g
- ◎ピスターシュのジェラート…30g

- モモ（山梨産「あかつき」）…3切れ
- フランボワーズ（半割り）…1粒分
- ◎ヌガティーヌ…5g
- ◎モモのソルベ（愛媛産「なつおとめ」）…80g
- ◎モモのコンポート（愛媛産「なつおとめ」）…3切れ
- ミントの葉…2枚
- ◎ジュレ・ペッシェヴィーニュ（約1cm角）…20g
- ◎ジュレ・シトロンヴェール…50g
- ◎モモの香りの白ワイン…5g（別添え）

》》》盛りつけ

❶ ジュレ・シトロンヴェールをスプーンで大きめにくずし、グラスに入れる。

❷ スプーンで一口大にすくったジュレ・ペッシェヴィーニュを、外側から見えるように入れる。

❸ ミントの葉を外側から見える位置に入れる。

❹ モモのコンポートをジュレ・シトロンヴェールの上にバランスよくのせる。

❺ アイススクープでモモのソルベをすくい、グラスに入れる。

⑥ ソルベにヌガティーヌをのせる。

⑦ フランボワーズを外側から見える位置にバランスよく入れる。

⑧ 一口大に切ったモモをバランスよく入れる。

⑨ アイススクープでピスターシュのジェラートをすくい、グラスに入れる。

⑩ シュトロイゼルを奥側にバランスよくのせる。

⑪ モモのコンポートを手前側にのせる。

⑫ 白桃のパンナコッタをスプーンで一口大にすくってのせる。

⑬ モモのクレーム・シャンティイを奥側に高く絞る（口径10mmの丸口金）。

⑭ モモのクレーム・シャンティイのやや奥側にプラック・ショコラをさす。

⑮ プラック・ショコラの手前にモモ、フランボワーズ、ミントを飾る。モモの香りの白ワインを容器に入れて添える。

◎プラックショコラ
1　ホワイトチョコレート適量を湯煎で溶かして色粉適量を混ぜ、テンパリングする。
2　天板にOPPシートを敷き、1をごく薄く流す。ピスタチオ適量をちらし、ショックフリーザーで冷やす。

◎モモのクレーム・シャンティイ
1　生クリーム（乳脂肪分41％）420g、生クリーム（乳脂肪分35％）180g、洗双糖36g、桃のリキュール（「クレーム ド ペシェ」ルジェ）30gをあわせ、ゆるく泡立てる。「かたく泡立てると油分を感じやすくなるので」（馬場さん）、形を保てるギリギリのゆるさにする。

◎白桃のパンナコッタ
1　鍋に牛乳150g、生クリーム（乳脂肪分35％）20g、洗双糖80gを入れて火にかけ、混ぜながら沸騰直前まで温める。
2　氷水でふやかした板ゼラチン6gを加えて混ぜ溶かす。
3　ボウルに白桃のピュレ（ボワロン）180gを入れ、そこに2を漉し入れる。混ぜ合わせ、冷蔵庫で冷やしかためる。

◎モモのコンポート
1　白桃（愛媛産「なつおとめ」）8個は流水でよく洗う。
2　洗双糖800g、水800g、バニラビーンズ＊2本、桃のリキュール（「クレーム ド ペシェ」ルジェ）120g、ペッシェ・ヴィーニュのピュレ（ボワロン）120gを混ぜあわせ、耐熱のビニール袋に入れる。1を丸のまま加え、90℃・スチーム100％のコンベクションオーブンで30分加熱する。
3　袋ごと氷水に入れて粗熱をとり、冷蔵庫で保存する。

＊：クレーム・パティシエールを炊くときなどに使ったものを水洗いし、オーブンの上において乾かしておいて使う。有機栽培の香りの強いものを使っているので、一度使ったものでも充分に香りが強い。

◎シュトロイゼル
1 「プラムカシス」の「シナモンシュトロイゼル」(p.182)からシナモンパウダーを抜いてつくる。

◎ピスターシュのジェラート
1 鍋に牛乳（乳脂肪分3.6%・「タカナシ牛乳3.6（タカナシ乳業・以下同）」）1055g、脱脂乳（無脂乳固形分27%・「タカナシ脱脂濃乳」）145g、生クリーム（乳脂肪分41%）293g、洗双糖272g、脱脂粉乳26g、ブドウ糖58gを入れて火にかける。沸騰寸前の状態を1分保つ。
2 ピスタチオペースト（「ピュアピスタチオペースト（アグリモンタナ）」）135gを加えて混ぜる(a)。
3 ピスタチオペーストが全体にいきわたったら、ブレンダーにかけ、均一な状態になるまで攪拌する(b)。
4 アイスクリームマシンに入れ(c)、約6分まわす。取り出して容器に移し(d)、−15℃で保存する。

◎ヌガティーヌ
1 洗双糖175gとHMペクチン10gをすり混ぜる。
2 鍋にバター190gを入れて火にかける。溶けたら、水75gと水アメ90gを加える。ひと煮立ちしたら1を加え、中火にしてとろみが出るまでゴムベラで混ぜる。
3 天板にシルパットを敷き、2を流し入れる。160℃のオーブンで15分焼く（ダンパーは開ける）。
4 天板にのせたまま冷まし、冷めたら包丁できざむ。

◎モモのソルベ（できあがり2ℓ）
1 白桃（愛媛産「なつおとめ」）は半割りにして種を取り除いたもの1.1kgを使用。殺菌水（食品用殺菌消毒剤「ピューラックス-S」を600倍に希釈したもの）に30分ひたして殺菌する。匂いが残らないように流水で洗う。
2 耐熱バックに1、レモン汁12g、ブドウ糖120gを入れ、90℃・スチーム100%のコンベクションオーブンで30分間加熱する。バックごと氷水につけて冷やし、粗熱をとる。
3 洗双糖380gと安定剤（ヴィドフィックス）6gをすり混ぜ、そこに水507gを少しずつ加え混ぜる。火にかけて沸騰直前まで熱し、ハチミツ10gを加える。氷水にあてて粗熱をとる。
4 2と3を合わせてブレンダーにかけ、なめらかになるまで回す。
5 漉し、ジェラートマシーンに約6分かける。

◎ジュレ・ペッシェヴィーニュ
1 洗双糖235gとアガー19gを混ぜ合わせる。
2 鍋に水480g、バニラビーンズ1/2本、ペッシェ・ヴィーニュのピュレ（ボワロン）60gを入れ、沸騰寸前まで温める。
3 1を加え混ぜ、ひと煮立ちしたら火を止める。モモのリキュール（「クレーム ド ペッシェ」ルジェ）30gを加え混ぜる。保存容器に漉し入れ、冷蔵庫で冷やしかためる。

◎ジュレ・シトロンヴェール
1 「プラムカシス」の「ジュレ・シトロン」(p.183)を参考にしてつくる。分量は水900g、洗双糖300g、板ゼラチン30g。レモン汁の代わりにライムの果汁210gを使い、最後にモモのリキュール（「クレーム ド ペッシェ」ルジェ）10gを加え、冷やしかためる。

◎モモの香りの白ワイン
1 白ワイン240gとモモのリキュール（「クレーム ド ペッシェ」ルジェ）6gを混ぜ合わせる。

山梨県産白桃のパフェ

タカノフルーツパーラー（森山登美男、山形由香理）

モモの旬である6月から8月まで、さまざまな産地、品種のモモを使ったパフェを次々に提供する。これはモモの一大産地である山梨県産の白桃だけを使ったパフェ。果肉、ソルベ、グラニテ、皮を使ったソース、とさまざまに展開したモモを盛りあわせる。モモの繊細な香りと味わいを生かすべく、おだやかな酸味のフロマージュ・ブランをあわせている。

大人の桃パフェ

ホテル インターコンチネンタル 東京ベイ ニューヨークラウンジ（德永純司）

モモにロゼシャンパンのグラニテとジュレ、ライチのシャーベットをあわせ、
ヨーグルトと生クリームをあわせて泡立てたクリームとベリー類の酸味を添え、さわやかなパフェに。
シャンパンはアルコールと泡を残し、大人の味わいに。

山梨県産白桃のパフェ
タカノフルーツパーラー（森山登美男、山形由香理）

- 粒状のゼリー…適量
  >>> ゼリー液を冷たくした油に少量ずつ落としてかためてつくる。かたまったら、よく水洗いしてから使う。

- ホイップクリーム（8分立て）…適量
  >>> 脂肪分が高すぎるとくどいので、生クリームと植物性クリームをブレンドしてさっぱりとした味わいにしている。加糖は控えめ。

- 白桃（10等分のくし形切り）…6切れ

- バニラアイスクリームと桃のソルベ…あわせて80g
  >>> ソルベは桃を皮ごとブレンダーにかけ、アイスクリームマシンにかけたもの。バニラアイスクリームは市販。半分ずつすくって1スクープにする。

- 桃の皮のソース…適量
  >>> 桃の皮にグラニュー糖を加えて煮て、ブレンダーでピュレ状にしたもの。モモの香り成分は皮のすぐ下の部分に多く含まれるため、皮のソースを使うことでモモの香りをよりしっかりと感じられるパフェになる。

- ホイップクリーム（左記）…15g

- 桃のグラニテ…100g
  >>> 完熟のモモをブレンダーでジュースにし、シロップを加えて凍らせる。

- 桃の皮のソース（上記）…適量

- フランボワーズのクリーム…20g
  >>> フランボワーズの酸味をきかせることで、モモの甘みや味わいを引き立てる。

- 白桃（一口大）…適量

- 桃のゼリー…30g
  >>> モモのピュレを水でのばし、シロップとモモのリキュールを加え、ゼラチンでかためる。

- 桃の皮のソース（上記）…5㎖

》》 盛りつけ

① グラスの底に桃の皮のソースを入れる。

② 桃のゼリーをスプーンで入れる。

③ 一口大に切ったモモをゼリーの中に押し込む。

④ 丸口金を付けた絞り袋にフランボワーズのクリームを入れ、ゼリーの上に絞り出す。

⑤ 桃の皮のソースをスプーンでグラスにそって一周、円状に流す。

⑥ 桃のグラニテをのせる。

⑦ ホイップクリームをグラスにそって一周、絞る。

⑧ ホイップクリームの上に桃の皮のソースをスプーンでかける。

⑨ バニラアイスクリームと桃のソルベをのせる。手前にモモを3切れ盛り、その上に2切れ、さらに上に1切れのせる。

⑩ てっぺんにホイップクリームを絞り（星口金・5切り5番）、粒状のゼリーをのせる。

白桃について

モモは常温で追熟させます。食べ頃は見た目ではわかりません。また、香りがでるころにはすでに熟しすぎています。押すと傷んでしまうので、手にのせたときに感じる弾力で判断しています。熟成が進みはじめると、一気に食べ頃を過ぎるので、あとほんの少し熟成させたいというところで冷蔵庫に入れます。冷蔵庫に入れている時間が長いと水分が抜けて乾燥し、かたくなってしまうので、冷蔵庫に入れるのは必ず食べ頃になる直前にしています。(森山さん)

ペティナイフの使い方のコツ
フルーツの皮をむいたり、カッティングしたりする際は、ペティナイフの先端から真ん中くらいまでだけを使う。

〉〉〉白桃のカッティング

① 割れ目にそってペティナイフを入れ、種のまわりに一周、切り込みを入れる。

② ペティナイフを種にあたるまでさしこみ、種の丸みにそって動かし、種の片側から果肉をはずす。

③ 両手の平でやさしく持ち、モモをつぶさないように気をつけながら、ひねる。

④ 種の下にペティナイフをさしこみ、種の丸みにそって動かし、種の片側から果肉をはずす。

⑤ 5等分に切る。このとき、片端が尖った三角形になるようにカットする(互い違いになるように切る)。盛りつけるときには、尖ったほうを上にすると美しく盛ることができ、太い方が下になるので安定もする。

⑥ 皮を下にしてまな板に置く。ペティナイフをまな板に押しつけながら、右から左へまっすぐ動かして皮をむく。

大人の桃パフェ
ホテル インターコンチネンタル 東京ベイ ニューヨークラウンジ（徳永純司）

- 金箔…少量
- ◎カシス・メレンゲ…5g
- マスカット（半割り）…3切れ
- ミントの葉…少量
- フランボワーズ（半割り）…2切れ
- ◎ヤオルト・シャンティ…25g
- モモ（縦8割り）…6切れ
- ◎ロゼシャンパンのグラニテ…55g
- ◎ライチのシャーベット…60g
- ◎ロゼシャンパンのジュレ…40g
- ◎ベリーのコンポート…20g

>>> 盛りつけ

① ベリーのコンポートを入れる。

② ロゼシャンパンのジュレを入れる。

③ ライチのシャーベットを2スクープのせる。

④ グラスの対角線上にモモを3切れずつ盛る。

⑤ ロゼシャンパンのグラニテをスプーンでくだき、ライチのシャーベットの上に盛る。

⑥ 中央にヤオルト・シャンティをらせん状に3周絞る（星口金・8切り10番）。

⑦ カシスメレンゲ3本、シャインマスカット（半割り）3切れを順に飾る。

⑧ フランボワーズ（半割り）2切れを飾る。

⑨ ミントの葉を飾り、金箔を竹串であしらう。

◎カシス・メレンゲ

1 ミキサーボウルに卵白100gを入れ、グラニュー糖200gの約1/3量を加える。高速のホイッパーで泡立てる。ふんわりとしてきたらグラニュー糖をさらに1/3量加えて泡立てる。グラニュー糖が全体にまわったら、残りの1/3量を加え、ツノがピンと立つまでしっかりと泡立てる。
2 カシスのピュレ(ボワロン社)70gを加えてゴムベラでさっくりとすくい混ぜる。
3 口径6mmの丸口金を付けた絞り袋に入れ、オーブンペーパーを敷いた天板に長く絞り出す。90℃のオーブンで3時間、乾燥焼きする。
4 ショコラブラン20gとカカオバター20gを合わせて湯煎で溶かし混ぜる。製菓用のエアスプレーガンに詰め、3に吹きつける。使うときに飾りやすい長さに折る。

◎ヤオルト・シャンティ

1 ミキサーボウルに、発酵乳(「ヤオルトシャンティ」*中沢乳業)200g、生クリーム(「クレメッツア45」中沢乳業)200g、レモン汁10g、グラニュー糖40gを入れ、高速のホイッパーで八分立てにする。

*:ハンドミキサーや卓上ミキサーを使うと泡立てられるヨーグルト風味の発酵乳。

◎ロゼシャンパンのグラニテ

1 鍋に水180g、グラニュー糖40g、転化糖5gを入れて火にかけ、ひと煮立ちさせる。
2 氷水にあてながらゴムベラで混ぜて急冷する。シャンパン(ロゼ)180g、オレンジの皮のすりおろし適量、レモンの皮のすりおろし適量、フレーズ・デ・ボワ(冷凍・ホール)15gを加え混ぜる。
3 冷凍庫に入れ、凍ったらフォークで粗くだいておく。

◎ライチのシャーベット

1 ライチのピュレ(ボワロン社)1kg、水160g、ライチのリキュール(「ディタ」)40gを混ぜあわせ、アイスクリームマシンに約10分かける。

◎ロゼシャンパンのジュレ

1 鍋に水450g、シャンパン(ロゼ)200g、グラニュー糖100gを入れて火にかけ、糖類を混ぜ溶かす。
2 氷水でふやかした板ゼラチン10gを加え、溶かし混ぜる(**a**)。
3 ボウルに移し、氷水にあてながらゴムベラで混ぜて急冷する(**b**)。粗熱がとれたらレモン汁10gを加え混ぜる。ジュレがかたまる寸前まで混ぜながらさらに冷やす。
4 シャンパンをボウルの縁を伝わせて静かに加える(**c**)。こうするとシャンパンの泡を残したままジュレにできる。泡が消えないようにゴムベラで静かに混ぜる。
5 泡が抜けないようにラップフィルムで表面をぴったりと覆い(**d**)、冷蔵庫で冷やしかためる。

◎ベリーのコンポート

1 鍋に水75gとグラニュー糖30gを入れて火にかける。ひと煮立ちしたら火からおろし、フランボワーズ、ブルーベリー、グリオット・チェリー、フレーズ・デ・ボワ(すべて冷凍)各50gを加える。
2 冷蔵庫に一晩おく。

イチゴのパフェ

デセール ル コントワール（吉崎大助）

　エレガントなアンティークグラスに京都産の女峰を高く盛りあげたイチゴのパフェ。可憐な白いイチゴの花が、イチゴの赤みを
より引き立てる。イチゴの中にはフロマージュ・ブランとイチゴのまろやかなアイスクリームが。イチゴのジュレ、フランボワーズの
ソース、カシスピュレを加えたクレーム・シャンティで、さまざまなベリーの酸味と甘みのグラデーションを楽しませる。

大人の苺パフェ

ホテル インターコンチネンタル 東京ベイ ニューヨークラウンジ（徳永純司）

イチゴをたっぷり15粒使った贅沢なイチゴパフェ。イチゴのアイスクリームとグラニテも盛りあわせてイチゴづくしに。ミルクアイスクリームも使い、イチゴのおいしさをより引き立てる。食感のアクセントとなるシュトロイゼルにはチョコレートとヘーゼルナッツをきかせて、大人の味わいに。

イチゴのパフェ
デセール ル コントワール（吉崎大助）

- イチゴの花…適量
- ◎カシス・シャンティイ…20g
- イチゴ（女峰・ホール）…9個
- ◎カシス・シャンティイ…50g
- イチゴ（女峰・半割り）…9切れ
- ◎フロマージュブランとイチゴのアイスクリーム…40g
- ◎アマンド・キャラメリゼ…4g
- ◎ソース・フランボワーズ…22g
- ◎カシス・シャンティイ…25g
- ◎クレーム・ディプロマット…45g
- イチゴ（女峰・縦4つ割り）…1個分
- ◎ソース・フランボワーズ…10g
- ◎イチゴのジュレ…30g

〉〉〉盛りつけ

❶ グラスにイチゴのジュレを入れ、ソース・フランボワーズを流す。

❷ 縦4つ割りにしたイチゴを入れる。

❸ クレーム・ディプロマットを絞り入れる。

❹ カシス・シャンティイをスプーンですくい入れる。

❺ ソース・フランボワーズを流しいれる。

❻ アーモンド・キャラメリゼをふる。

❼ フロマージュブランとイチゴのアイスクリームをスプーンでクネルにとり、のせる。

❽ アイスクリームのまわりにイチゴを飾る。

❾ カシス・シャンティイを絞り、アイスクリームの側面を覆う。

❿ アイスクリームの上面にも絞る。

◎カシス・シャンティイ
1 生クリームを泡立て、カシスのピュレ（フルティエール）を好みの量加える。イチゴの酸味が強い場合は加える量を少なめにするとよい。

◎フロマージュブランとイチゴのアイスクリーム
1 フロマージュブランのアイスクリーム（p.175）の工程3でイチゴのピュレ（フルティエール）180gも加え混ぜ、保存容器に移して冷凍庫で冷やしかためる。

◎アマンド・キャラメリゼ
1 ボウルに生クリーム（乳脂肪分35%）50g、グラニュー糖150g、アーモンド（スライス）85gを入れて混ぜる。
2 オーブンシートを敷いた天板に1を薄く広げ、180℃のオーブンで20分焼く。粗くくだく。

◎ソース・フランボワーズ
1 鍋に冷凍のフランボワーズ500gとグラニュー糖125gを入れ、100℃のオーブンで解凍する。
2 オーブンから出し、火にかけてひと煮立ちさせる。火を止め、キルシュを小さじ1加える。

◎クレーム・ディプロマット
1 クレーム・パティシエールをつくる。
① 鍋に牛乳500gを入れて温める。火からおろし、バニラビーンズ1/2本分の種をしごき出し、さやとともに加える。フタをして香りをうつす。
② ボウルに卵黄4個を入れ、グラニュー糖100g、プードル・ア・クレーム*40gを順に加え、そのつどよくすり混ぜる。
③ ②に①を少しずつ加えて混ぜる。漉して①の鍋に戻し入れ、強めの中火にかける。常に泡立て器で混ぜながら、もったりするまで加熱する。どろっとしてきたらゴムベラにかえてさらに混ぜる。
④ 混ぜる手がふっと軽くなったら平らな容器に移し、ラップフィルムで表面をぴったりと覆い、冷凍庫で急冷する。
2 生クリーム（乳脂肪分35%）200gとグラニュー糖16gをあわせ、10分立てにする。
3 1をボウルに移してほぐし、2を加えてさっくりと混ぜる。
＊：牛乳を加えるだけでクレーム・パティシエールがつくれる粉末。

◎イチゴのジュレ
1 鍋に冷凍のイチゴ1kgとグラニュー糖300gを入れ、100℃のオーブンで解凍する。
2 オーブンから出して火にかけ、ひと煮立ちさせる。煮立ったらすぐにザルにあげ、煮汁を漉しとる。
3 2を100g取り分けて鍋に入れ、水200gを加える。火にかけて温め、板ゼラチン3gを氷水でふやかしておいたものを加えて溶かす。
4 保存容器に移して冷蔵庫で冷やしかためる。

9で絞ったカシス・シャンティイに貼るようにしてホールのイチゴ6粒を一周飾る。

イチゴの中央にカシス・シャンティイを少し絞る。

12で絞ったカシス・シャンティイに貼るようにしてホールのイチゴを3粒のせる。

イチゴの間にイチゴの花を飾る。

大人の苺パフェ
ホテル インターコンチネンタル 東京ベイ ニューヨークラウンジ（徳永純司）

金箔…適量

ムラング・ノワゼット（p.111）…6g

◎イチゴのコンフィチュール…5g
◎ミルクアイスクリーム…70g
◎イチゴのグラニテ…35g

イチゴ（半割り）…13粒分

シュトロイゼル・ショコラノワゼット（p.80）…15g

◎イチゴのアイスクリーム…60g

イチゴ（半割り）…2粒分
◎イチゴのコンフィチュール…10g

》》》盛りつけ

① イチゴのコンフィチュールとイチゴを順に入れる。

② イチゴのアイスクリームを2スクープのせる。

③ シュトロイゼル・ショコラノワゼットをアイスクリームにのせる。

④ アイスクリームとグラスの間にイチゴを2粒分入れる。

⑤ 残りのイチゴをグラスの縁にそって並べる。

◎イチゴのコンフィチュール
1 鍋にイチゴ300g、フレーズ・デ・ボワ（冷凍）100g、グラニュー糖130gを入れ、ひと煮立ちさせる。
2 氷水にあてて粗熱をとる。

◎ミルクアイスクリーム
1 鍋に生クリーム（乳脂肪分35％）100g、牛乳350g、グラニュー糖50g、転化糖20g、脱脂粉乳30gを入れ、ひと煮立ちさせる。
2 氷水にあてて冷まし、アイスクリームマシンに約10分かける。

◎イチゴのグラニテ
1 鍋にグラニュー糖50gと水100gを入れて沸かす。
2 イチゴのピュレ（ボワロン）200g、レモン汁10g、フレーズ・デ・ボワ（冷凍・ホール）60gを加える。
3 すぐにボウルに移して氷水にあて、泡立て器で果肉をつぶしながら混ぜる。果肉の食感を残すように粗くつぶすとよい。
4 冷凍庫に入れ、縁が薄く凍るくらいまで冷やす。取り出し、泡立て器で凍った部分をくだくようにして混ぜ、再度冷凍庫に入れて凍らせる。

◎イチゴのアイスクリーム
1 ソース・アングレーズをつくる。
① 鍋に牛乳500g、生クリーム（乳脂肪分35％）100g、バニラビーンズ適量を入れて火にかけ、沸騰寸前まで温める。
② ボウルに卵黄100gとグラニュー糖130gを入れてすり混ぜる。
③ ②を泡立て器でかき混ぜながら、①を注ぎいれる。鍋に戻し入れて弱火にかけ、ゴムベラでたえずかき混ぜて加熱する。とろみが出たら火を止める。
2 イチゴ200gを泡立て器で粗くつぶし、イチゴのピュレ（ボワロン）50g、練乳50gとともに1の鍋に加え混ぜ、氷水にあてて冷ます。
3 アイスクリームマシンに約10分かける。

5で並べたイチゴの中にイチゴのグラニテを盛る。

ミルクアイスクリームを絞り袋に詰め、3周絞る（星口金・8切り10番）。

イチゴのコンフィチュールをアイスクリームにかける。

ムラング・ノワゼットを飾る。

金箔をのせる。

イチゴのサントノーレ

ノイエ（菅原尚也）

小さなシュー生地とクリームを積み上げてつくるフランス菓子「サントノーレ」から発想。甘みが強く、そのまま食べてもおいしい「あまおう」は生で、香りがあり、甘みと酸味のバランスのよい「さがほのか」はゼリーとシャーベットに展開。さっぱりとしたイチゴにこってりと濃厚なクリームチーズベースのクリームをあわせて、全体のバランスをとる。

苺とローズマリーのロゼサバイヨン

アトリエ コータ（吉岡浩太）

イチゴとロゼスパークリングワインを組み合わせた大人のイチゴパフェ。アルコールはとばさずにしっかりきかせる。
イチゴはフレッシュとソルベを、ワインはジュレとソルベを盛りあわせている。卵黄を温めながら泡立ててつくる
サバイヨンソースにもロゼスパークリングワインを加え、ローズマリーで香りづけ。イチゴに甘い香りを添える。

イチゴのサントノーレ
ノイエ（菅原尚也）

パスティス…適量
◎あまおうのソース…適量
イチゴ（あまおう）…1粒

ピスタチオ（生・きざむ）…少量
◎あまおうのソース…適量
◎クリームチーズのムース…80g

◎ホワイトチョコ・シュー…3個

ピスタチオ（生・きざむ）…少量
◎ピスタチオのジェラート…50g

◎生クリーム…30g

◎さがほのかのシャーベット…50g
パスティス…適量
イチゴ（あまおう・輪切りと角切り）
…あわせて20g
イチゴ（あまおう・輪切り）…25g

◎さがほのかのゼリー…50g
◎岩塩のクランブル（p.167）…少量
パスティス…適量
イチゴ（あまおう・角切り）
…1/2粒分
◎あまおうのソース…5〜10㎖

》》盛りつけ

① グラスの底にあまおうのソースを敷き、角切りにしたあまおうを入れる。

② パスティスをイチゴにかける。

③ クランブルをふる。

④ さがほのかのゼリーをスプーンでくずし入れる。

⑤ あまおうの輪切りをグラスの内側に一周貼りつける。

⑥ あまおうの輪切りと角切りでゼリーを覆い、あまおうにパスティスをふる。

⑦ さがほのかのシャーベットをスプーンでくずし、中央にのせる。

⑧ 生クリームをグラスにそって一周詰める。シャーベットをのせた中央はあけておく。

⑨ ピスタチオのジェラートをスプーンでけずるようにすくい、中央に重ねていく。

⑩ ピスタチオをちらす。

◎あまおうのソース
1 イチゴ（あまおう）をミキサーにかけてピュレ状にする。味をみて、えぐみや酸味が強すぎるようならばシロップを足す。パスティス少量を混ぜる。

◎クリームチーズのムース
1 常温においてやわらかくしておいたクリームチーズ500gに粉糖120gを加え、ゴムベラで混ぜる。
2 レモン汁、あまおうのソース各適量を加えて混ぜる。かたいようならば生クリームを加えてかたさを調整する。

◎ホワイトチョコ・シュー
1 鍋に牛乳190g、水190g、バター（角切り）170g、岩塩4gを入れ、弱火にかけてバターをとかす。バターがとけたら、火を強めて沸かす。
2 ふるった薄力粉225gを一気に加える。強火で水分をとばしながら混ぜる。
3 ひとまとまりになったらミキサーボウルにうつし、低速のビーターで混ぜながら、全卵150〜200gを少しずつ混ぜる。生地を持ち上げてみて、たれた先端がぎざぎざとした形になっていたら、全卵を加えるのをやめる。
4 天板に直径2.5cmに絞り出し、200℃のオーブンに20分ほど入れる。生地がふくらみ、好みの焼き色になったら130℃に落とし、30分乾燥焼きする。オーブンの電源を切り、そのまま冷めるまで1時間ほどおく。
5 ホワイトチョコレートを湯煎で溶かし、岩塩のクランブル（p.167）適量を混ぜる。4のシューをくぐらせる。

◎ピスタチオのジェラート
1 生クリーム（乳脂肪分38%）500g、シロップ450g、ピスタチオペースト（BABBI）80g、岩塩4gを混ぜる。アイスクリームマシンにかける。

◎フロマージュブラン入り生クリーム
1 生クリーム（乳脂肪分38%）をかために泡立てる。その日パフェに使うイチゴの酸味やアクが強ければマスカルポーネを、甘くておいしければフロマージュブランを加えて、さわやかな味わいにととのえる。

◎さがほのかのシャーベット
1 イチゴ（さがほのか）をミキサーでピュレ状にする。イチゴの約60%のシロップを加え、レモン汁少量を加えて味をととのえ、アイスクリームマシンにかける。

◎さがほのかのゼリー
1 イチゴ（さがほのか）300g、水1kg、グラニュー糖150g、赤ワイン少量をあわせて火にかけ、板ゼラチン18gを氷水でもどしておいたものを加えて溶かす。
2 氷水にあてて粗熱をとり、レモン汁適量を加え混ぜる。冷蔵庫で冷やしかためる。

⓫ ホワイトチョコレート・シューをアイスクリームのまわりに等間隔にのせる。

⓬ シューとシューの間を埋めるようにクリームチーズのムースを絞る（星口金・8切り6番）。

⓭ クリームチーズのムースをパフェのてっぺんに何周かさらに絞り出す。

⓮ あまおうのソースをかけ、ピスタチオをふる。

⓯ イチゴをのせ、あまおうのソース、パスティスを順にイチゴにかける。

苺とローズマリーのロゼサバイヨン
アトリエ コータ（吉岡浩太）

◎ローズマリー風味の
　サバイヨンソース…45g
バニラアイスクリーム(p.77)…30g
◎イチゴのソルベ…30g
◎ロゼ・ソルベ…40g
バニラアイスクリーム(p.77)…30g

イチゴ（縦8等分）…2.5個分
◎生クリーム（7分立て）…15g
◎ロゼ・ジュレ…90g

〉〉〉 盛りつけ

①ローズマリー風味のサバイヨンソースをつくる（右ページ参照）。

②ロゼ・ジュレをスプーンでくずし、グラスに入れる。生クリームをジュレの中央にのせる。

③生クリームをかこむようにしてイチゴを盛る。

④バニラアイスクリームをクネルにとり、イチゴにのせる。

⑤ロゼ・ソルベをスプーンですくい入れ、スプーンの背で表面をならす。

◎ローズマリー風味のサバイヨンソース

1 ボウルに卵黄30gをよく溶き、スパークリングワイン（ロゼ）55g、グラニュー糖15gを順に加えて混ぜる。ローズマリーを入れる（**a**）。
2 鍋に湯を沸かし、1のボウルを湯煎にかけて温めながら、泡立て器でたえずかき混ぜる（**b**）。
3 卵黄に火が入り、きめ細かく、もったりとした状態になったらできあがり（**c**）。

a

b

c

◎イチゴのソルベ

1 イチゴのピュレ（ボワロン社）500g、シロップ（グラニュー糖と水を同割で合わせて沸かし、冷ましたもの）250gを混ぜ合わせる。
2 ロゼシャーベットの**2**と同様にする。

◎ロゼ・ソルベ

1 スパークリングワイン（ロゼ）500g、シロップ（上記）200gを合わせる。
2 アイスクリームマシーンに入れる。粒子が細かくなり、たらすとぼとっと落ちるかたさになるまで回す。

◎生クリーム

1 生クリーム（乳脂肪分38％）とコンパウンドクリーム（乳脂肪分18％・植物脂肪分27％「ガトーモンテ（タカナシ）」）を同量ずつ合わせ、10％のグラニュー糖を加えて泡立てる。

◎ロゼ・ジュレ

1 鍋にスパークリングワイン（ロゼ）400gと水100gを合わせて温め、氷水でふやかしておいた板ゼラチン9.9gを加えて溶かす。混ぜながら氷水にあてて冷まし、冷蔵庫で冷やしかためる。

⑥ イチゴのソルベをクネルにとって、シャーベットの上に置く。

⑦ バニラアイスクリームをクネルにとって、ソルベの上に置く。

⑧ ローズマリー風味のサバイヨンソースをかける。

⑨ サバイヨンソースでグラスのすき間を埋め、グラスの縁ぎりぎりまで流す。

イチゴのパフェ

フルーツパーラーフクナガ（西村誠一郎）

そのときどきで一番おいしいイチゴを盛りあわせ、イチゴのおいしさをストレートに楽しませる。
イチゴはいずれも大きめの2Lサイズを使用。半分に切るとちょうど一口になる大きさだ。かじったときに鼻でもイチゴを味わえるよう、
ヘタつきで丸のままのものを1粒のせている。シャーベットには、とちおとめとあまおうを半々ずつ使用。

白いいちご(淡雪)の入った5種のいちごのパフェ　　フルーツパーラー ゴトー (後藤浩一)

　大ぶりのイチゴを5品種、8粒使ったパフェ。イチゴは全部で5段積み上げており、段ごとに品種を変えている。上2段は、白イチゴである淡雪、新しい品種でまだあまり知られていない章姫、と珍しいものを。その下には酸味がしっかりとして味わいのバランスがよいとちおとめ。そして香りのよい紅つやか、最後に甘みの強いあまおうと味わいの変化を楽しめる順番にしている。

イチゴのパフェ
フルーツパーラーフクナガ（西村誠一郎）

ホイップクリーム…適量
>>>フルーツには植物性の油脂が入っているクリームのほうがなじみがよいと、コンパウンドクリーム（乳脂肪分18％、植物性脂肪分27％）をチョイス。加糖は20％とし、10分立てにする。

イチゴ
（福岡県産あまおう）…1粒

イチゴ
（栃木県産とちおとめ・半割り）
…3切れ

イチゴのシャーベット
（自家製・p.199）…30g

イチゴ
（栃木県産とちおとめ・半割り）
…2粒分

ミルクアイスクリーム
（市販）…30g
>>> 乳脂肪分3％、植物性脂肪分2％、無脂乳固形分8％のものを使用。さっぱりとした味わいで、フルーツの甘みや香りが引き立つ。

イチゴのシャーベット
（自家製・p.199）…30g

》》》盛りつけ

① イチゴのシャーベットとミルクアイスクリームを1スクープずつ入れる。

② アイスディッシャーで軽く押さえる。

③ イチゴ1粒を半分に切り、グラスの中にヘタ側を下にして対角線上に入れる。

④ もう1粒のイチゴを半分に切り、こんどはとがった方を下にして対角線上に入れる。

⑤ シャーベットをアイスディッシャーでかき取る。

⑥ イチゴの上にのせる。

⑦ アイスディッシャーと手で押して、平らにする。

⑧ 半分に切ったイチゴ3切れとヘタ付きの丸のままのイチゴ1粒をのせる。

⑨ 中央にホイップクリームを絞る。

イチゴについて

今回はあまおうととちおとめを使いました。あまおうはヘタがそりかえって肩がはったものが、とちおとめはなで肩でしゅっとした形のものがおいしいです。とちおとめは栃木産、あまおうは福岡産を主に使います。どちらもその品種が産まれた土地です。いずれも小さすぎず、大きすぎず、粒がそろっていて、バランスのよい大きさのものを選んでいます。

イチゴは先が甘くて、ヘタのほうが酸っぱいんですが、それを知らないお客さんも多くて、ヘタ持って先っぽから食べようとすることも多い。そういうときは「逆だよ」って言います。「ヘタを取ってヘタのほうから食べるんだよ」って。（西村さん）

〉〉〉 イチゴのカッティング

① イチゴのヘタをペティナイフでめくり上げる。

② ヘタの付け根ぎりぎりのところで切り取る。こうして、できるだけ果肉をむだにせず、全体を味わってもらう。

③ 左手でイチゴを持ち、半分に切る。まな板に置かないのは、イチゴになるべく負担をかけずに、すばやくカットするため。

盛りつけのポイント

グラスの中に入れるイチゴも、上に盛るイチゴも、半分に切ったら対角線上に置き、もともとひとつの実だったもの同士が向かい合わせになるようにすると、左右対称の美しい見た目になる。

白いいちご(淡雪)の入った5種のいちごのパフェ

フルーツパーラー ゴトー(後藤浩一)

淡雪(ホール)…1粒
>>> 半分に切ってから、切り口をあわせ、もとの1粒の形に戻して盛る。半分に切っているのは、食べやすさや1本のパフェを2人でシェアするお客のことを考慮して。

生クリーム…適量
>>> 乳脂肪分47%のもの240gと乳脂肪分42%のもの100gを合わせ、上白糖40g、バニラエッセンス数滴を加えて9分立てにする。

章姫(あきひめ・半割り)…1粒分
生クリーム(上記)…適量

とちおとめ(半割り)…1粒分
生クリーム(上記)…適量

紅つやか(半割り)…2粒分
生クリーム(上記)…適量

あまおう(半割り)…3粒分

イチゴアイスクリーム(自家製・p.203)…50g

バニラアイスクリーム(タカナシ乳業)…40g

イチゴジャム(自家製)…10g
>>> イチゴを半割りにし、30%の上白糖をまぶす。一晩おき、水分が出てきたら火にかける。沸いたらアクをすくって弱火にし、とろみがつくまで1時間ほどアクをすくいながら弱火で煮る。翌日、ホワイトラム適量を加え、ひと煮立ちさせて冷ます。

〉〉〉盛りつけ

① グラスの底にイチゴジャムを入れる。

② バニラアイスを入れ、アイススクープで押さえて詰める。

③ イチゴのアイスクリームを1スクープのせる。

④ アイスクリームのまわりに、半分に切ったあまおうを3粒分、花が開く様子をイメージして放射状に並べる。

⑤ アイスクリームの上に、イチゴと同じくらいの高さまで、生クリームを絞る(星口金・6切り口径6mm)。

⑥ 半分に切った紅つやか2粒分を、生クリームの上に放射状に並べる。

⑦ イチゴの中央に生クリームを、イチゴと同じくらいの高さまで絞る。

⑧ 半分に切ったとちおとめ1粒分を生クリームの上にのせる。

⑨ 7〜8と同様にして生クリームを絞り、章姫をのせる。

⑩ イチゴの間に、イチゴの高さと同じくらいまで生クリームを絞り、半分に切った淡雪を切り口をあわせてのせる。

イチゴについて

イチゴのシーズンには3～5種のイチゴを食べ比べできるパフェを用意します。ベースにしているのはあまおう（福岡県産）、とちおとめ（千葉県産）、紅つやか（千葉県産）の3種。今回はさがほのかの突然変異種である白イチゴ淡雪（千葉県産）と、市場に出回る数の少ない章姫（長野県産）も使っています。

大ぶりのイチゴにかぶりつくのがイチゴパフェの楽しみのひとつだと思うので、あまおうはDXというもっとも大きいサイズを指定して仕入れています。ほかの品種も同等のものを仕入れるようにしていますが、天候の影響によりなかなか難しいことも。

紅つやかはさちのかを「JBBステビア農法」で育てたもの。この農法はステビアを使った土壌改良農法で、通常の栽培法のさちのかにくらべ、香りがとても強く、華やかな味わいとなります。イチゴ3種でパフェをつくるときは、紅つやかを一番上にして、まずイチゴの香りが楽しめる構成にしています。（後藤さん）

章姫　淡雪　とちおとめ　紅つやか　あまおう

》》イチゴのカッティング

① イチゴはヘタを取り、半分に切ってから、ヘタのなり口をV字形に切り落とす。かたくて酸っぱいなり口を取り除きつつ、果肉をむだにしないためのカッティング。また、V字の切り込みが生クリームにしっかりと食いこむため、盛りつけが安定する。

盛りつけのポイント

イチゴは盛りつけ前にすべてカッティングして並べておきます（左写真）。使う品種と個数が多いので、わからなくならないよう、品種ごとにまとめて置くのがコツです。また、半分に切った片割れ同士は必ず隣に並べます。というのも、盛りつけをする際には同じ実の片割れ同士が向かい合わせになるように盛るからなんです（右写真）。そうすると、左右対称の美しいデザインになります。（後藤さん）

栃木県産スカイベリーのパフェ

タカノフルーツパーラー（森山登美男、山形由香理）

年末から連休明けくらいまでは、さまざまな産地、品種のイチゴのパフェが登場するタカノフルーツパーラー。
これは栃木県産「スカイベリー」だけでつくったパフェ。甘くてやわらかい
スカイベリーのおいしさをストレートに味わえるよう、ソフトクリームとイチゴを主体としたシンプルな仕立てに。

マンゴーパフェ

アステリスク（和泉光一）

ソースは冷凍のマンゴーとピュレをブレンダーにかけ、オーダーごとにつくる。できたての味わいを楽しんでもらえて、お客が食べはじめる頃にほどよく溶けた冷たい状態になる。アイスクリームは4〜5種から2つを選んでもらうというプレゼンテーション。ここではイチゴとマンゴーのソルベを組み合わせ、フレッシュな味わいを堪能させる構成に。

栃木県産スカイベリーのパフェ

タカノフルーツパーラー（森山登美男、山形由香理）

- ミントの葉…少量
- 粒状のゼリー…適量
  >>> ゼリー液を冷たくした油に少量ずつ落としてかためてつくる。かたまったら、よく水洗いしてから使う。
- ホイップクリーム（8分立て）…適量
  >>> 脂肪分が高すぎるとくどいので、生クリームと植物性クリームをブレンドしてさっぱりとした味わいにしている。加糖は控えめ。
- イチゴ（ホール・スカイベリー・以下同）…1粒
- イチゴ（飾り切り）…1粒
- イチゴ（スライス）…1粒分
- イチゴ（半割り）…1粒分
- イチゴ（縦4つ割り）…1粒分
- イチゴシャーベット（自社製）…50g

- イチゴのジュース…適量
  >>> イチゴをブレンダーでピュレ状にする。
- ホイップクリーム（左記）…適量
- イチゴジャムとフランボワーズのソース…適量
- パイ（解説省略）…適量
- イチゴのシフォンケーキ（2cm角）…3個
- ソフトクリーム…100g
  >>> フルーツと一緒に食べておいしい味になるようメーカーに特注しているもの。甘さも乳脂肪分も控えめであっさりとした味わい。
- イチゴ（角切り）…約1/2粒分
- イチゴジャムとフランボワーズのソース…適量

〉〉〉盛りつけ

①イチゴジャムとフランボワーズのソースをグラスの底に入れる。

②角切りにしたイチゴをソースの中に入れる。

③ソフトクリームを絞り入れる。

④イチゴのシフォンケーキを等間隔に置く。

⑤中央にパイをのせる。

⑥シフォンケーキの間にイチゴジャムとフランボワーズのソースを流し入れる。

⑦グラスのふちにそって一周、ホイップクリームを絞る。

⑧クリームの上にイチゴのピュレを流す。

⑨イチゴのシャーベット1スクープ、イチゴ（ホール）、イチゴ（半割り）をのせる。

⑩シャーベットにイチゴ（スライス）をのせる。

スカイベリーについて

栃木県でつくられた品種です。イチゴは大きすぎるとおいしくないことが多いですが、この品種は大きいほうがより甘くておいしいです。また、やわらかいイチゴは日持ちしないことが多いのですが、スカイベリーはやわらかい果肉でありながら日持ちがよいのも特徴です。（森山さん）

〉〉〉イチゴのスライス

①ヘタを落とす。

②イチゴを親指と人差し指で押さえ、ペティナイフをさしこんで引き切る。

③ 2 をくりかえし、4〜5枚にスライスする。

〉〉〉イチゴの飾り切り

①ヘタを落とし、果肉をV字に切り、ずらす。

②ずらした果肉をさらにV字に切る。

③ 2 でV字に切った部分をずらす。

⑪上から見るとこんな状態。

⑫スライスしたイチゴの隣に飾り切りしたイチゴをのせる。

⑬すき間を埋めるように縦4つ割りにしたイチゴを飾る。

⑭ホイップクリームを絞る（星口金・5切り5番）。

⑮粒状のゼリーをかけ、ミントの葉を飾る。

マンゴーパフェ
アステリスク（和泉光一）

粉糖…少量
ナッツ入りのメレンゲ（p.121）…6g
フイユタージュ（p.121）…12g
ライム果汁…少量
マンゴーソース…30g
◎生クリーム（9分立て・p.121）…50g
マンゴーソース…10g
マンゴー（2cm角）…6切れ
シュトロイゼル（p.121）…25g
◎ソルベ・フレーズ…50g
◎ソルベ・マンゴー…50g
生クリーム（9分立て・p.121）…10g
シュトロイゼル（p.121）…8g
マンゴー（1.5cm角）…8g
マンゴーソース…12g

》》》盛りつけ

① 	② 	③ 	④ 	⑤ 
マンゴーソースをつくる。マンゴーのピュレ40gと冷凍のマンゴー20gをブレンダーでピュレ状にする。	グラスに1のマンゴーソースを12g入れる。	1.5cm角に切ったマンゴーを入れる。	シュトロイゼル8gを入れる。	生クリーム10gを入れる。

◎生クリーム（約27人分）
1　乳脂肪分45％のもの600g、乳脂肪分47％のもの200g、乳脂肪分40％のもの200g、脱脂濃縮乳10g、グラニュー糖70g、バニラエッセンス1gを合わせて泡立てる。

~~~~~~

◎ソルベ・フレーズ
1　イチゴのピュレ960gとレモン果汁34.5gを混ぜ合わせる。
2　鍋にグラニュー糖70.5g、転化糖（トレモリン）66g、安定剤（ビドフィックス）7.5g、水73.5gを入れて沸騰させる。1に加えて混ぜ合わせる。
3　氷水にあてて急冷し、バルサミコ酢30gを加え混ぜる。
4　冷蔵庫で一晩やすませる（粘性が高まり、まとまりやすくなる）。
5　アイスクリームマシンにかける。まとまりが出てきて、これ以上空気を含めない状態になったら、取り出して冷凍庫で保存する。

◎ソルベ・マンゴー
1　マンゴーのピュレ660gとレモン果汁22gを混ぜ合わせる。
2　鍋にグラニュー糖198g、水アメ33g、安定剤（ビドフィックス）1.3g、水528gを入れて沸騰させ、1に加えて混ぜ合わせ、氷水にあてて急冷する。
3　ソルベ・フレーズ（上記）の工程4〜5と同様にしてつくる。

ソルベ・フレーズとソルベ・マンゴーを1スクープずつ入れる。

シュトロイゼル25gを入れる。

2cm角に切ったマンゴーを盛り、マンゴーソース10gをかける。生クリーム50gを絞る（星口金：10切り15番）。

マンゴーソース30gを流し、ライムを絞りかける。

フィユタージュとナッツ入りムラングを、生クリームに立てかけるように盛る。粉糖をふる。

マンゴーローズブーケのパフェ

カフェコムサ 池袋西武店（加藤侑季）

やわらかいマンゴーでつくる美しいバラのフォルムで人気のパフェ。まったりとしたマンゴーの味わいにあわせて、キャラメル味のアイスクリームとソースを添えている。美しいバラの形にするには、芯に使う分は薄く、まわりの花びらに使う分はやや厚めにスライスすること。また、芯の中央に使うスライスはもっとも実が厚い部分から切り出し、高さを出すと美しく成形できる。

宮崎県産マンゴーのパフェ

タカノフルーツパーラー（森山登美男、山形由香理）

樹上で完熟させる宮崎県産の高級マンゴーをたっぷりと使ったパフェ。宮崎県産のマンゴーの特徴はその繊細な甘み。
その味わいを生かすべく、コクと甘い香りのあるココナッツのブランマンジェをあわせている。
マンゴーはシャーベット、グラニテ、ソースにもして盛り、マンゴーを飽くまで堪能させる。

マンゴーローズブーケのパフェ
カフェコムサ 池袋西武店（加藤侑季）

- フリーズドライのフランボワーズ…適量
- ピスタチオ（きざむ）…適量
- フランボワーズ…2粒
- マンゴー（薄切り）…約1/2個分
- 生クリーム（乳脂肪分38%）…約15g
  >>> 0.5％加糖し、8分立てにする。
- キャラメルアイスクリーム（市販）…100g
- キャラメルソース…適量
- 生クリーム（上記）…10g
- マンゴー（薄切り）…適量
- パイ生地…17g
- スライスアーモンド（ロースト）…3g
  >>> あわせておく。
- マンゴー（角切り）…適量

>>> 盛りつけ

① マンゴーのローズを大・小ひとつずつつくる。まず、マンゴーの芯になるスライスを丸める。

② ペーパータオルを敷いたまな板に立てて置く。

③ 芯のまわりに巻く分として、端から切り出した2枚を巻く。

④ 芯のまわりになるスライス3枚をずらしながら、小さい順に巻く。これを大小2つつくる。

⑤ グラスに角切りのマンゴーを入れ、パイ生地とアーモンドをくだきながら入れる。生クリームを一周、絞る。

⑥ マンゴーの薄切りをグラスの内側に貼る。オーブンペーパーでコルネをつくってキャラメルを入れ、マンゴーに絞る。

⑦ キャラメルアイスクリームをアイススクープですくって詰める。

⑧ 生クリームを絞って、表面を覆う。

⑨ ペティナイフですりきり、表面を平らにする。

⑩ ローズ大と小をのせる。

⑪ マンゴーのバラの間に、葉っぱ用のスライス2枚を折り曲げて盛る。

⑫ 11で葉っぱ用のスライスを盛ったのとは反対側に、もう1枚盛る。

⑬ 花びらが広がる様子をイメージして、マンゴーのバラのスライスの端をやや外側に広げる。

⑭ フランボワーズを飾る。

⑮ ピスタチオとフリーズドライのフランボワーズをマンゴーのバラの間にふる。

◎マンゴーについて

　このパフェには味と果肉の質が安定しているアップルマンゴーを使っているのですが、秋のものは繊維が多く、丸めてもバラの形にまとまらなかったり、折り曲げると割れてしまったりします。タイマンゴーは形が細長いので、バラの形がつくりにくく、使っていません。マンゴーをバランスよく盛りつけられる大きさにカットするのはなかなか難しく、なれるまで練習が必要です。（加藤さん）

》》》 マンゴーのカッティング

❶ ヘタがついている方から尻側に向かって、すーっとペティナイフをすべらせて皮をむく。

❷ 実の中心にある平らな種にナイフがあたらないように気をつけ、3枚にスライスする。

❸ 真ん中の1枚の中央にある種をさけ、実を切り取る。切り取った実は角切りにしてグラスの底に入れる分にする。

❹ 2でスライスしたマンゴー1枚が1人分となる。ヘタ側の端を斜めに切り落とす。

❺ 端からごく薄くスライスし、端から2枚は小ローズの、その次の2枚を大ローズの芯に巻きつける分にする。

❻ 5よりもやや厚めに3枚スライスし小ローズの芯のまわりの花びらとする。

❼ 6と同じ厚さに4枚スライスし、大ローズの芯のまわりの花びらとする。

❽ 5と同じ厚さに2枚スライスする。大きい方を大ローズの芯の中心に、小さい方を小ローズの芯の中心にする。

❾ 6と同じ厚さに3枚スライスし、葉っぱ用とする。

❿ 残りの実を斜めに薄くスライスし、グラスの内側に貼り付ける分とする。

宮崎県産マンゴーのパフェ
タカノフルーツパーラー（森山登美男、山形由香理）

ミントの葉…適量

粒状のゼリー…適量
>>> ゼリー液を冷たくした油に少量ずつ落としてかためてつくる。かたまったら、よく水洗いしてから使う。

ホイップクリーム（8分立て）…適量
>>> 脂肪分が高すぎるとくどいので、生クリームと植物性クリームをブレンドしてさっぱりとした味わいにしている。加糖はひかえめ。

マンゴーの皮…適量
マンゴー…6切れ
マンゴーのシャーベット…80g
>>> マンゴーソース（下記）に何も加えず、冷凍庫で凍らせる。

マンゴージュース…適量
>>> マンゴーの果肉をブレンダーでピュレ状にして漉したもの。

ホイップクリーム（左記）…15g

マンゴーのグラニテ…100g

ココナッツのブランマンジェ…30g
>>> ココナッツミルクと牛乳をあわせ、ひかえめに甘みをつけ、ゼラチンでゆるめにかためる。

マンゴー（一口大）…2切れ
マンゴーソース…5㎖

>>> 盛りつけ

①グラスの底にマンゴーソースを入れ、一口大に切ったマンゴーをソースの中に入れる。

②ココナッツのブランマンジェをスプーンですくってグラスに入れる。

③マンゴーのグラニテをのせる。

④ホイップクリームをグラスにそって一周絞り入れる。

⑤ホイップクリームの上にマンゴーソースをスプーンでかける。

⑥マンゴーのシャーベットをアイススクープですくい、グラスの奥側にのせる。手前にマンゴー4切れを放射状に盛る。

⑦6で盛ったマンゴーの上にさらに2切れのせ、そのうち1切れに同じ大きさに切った皮をのせる。

⑧てっぺんにホイップクリームを少量絞る（星口金・5切り5番）。

⑨粒状のゼリーをのせ、ミントの葉を飾る。

マンゴーについて

宮崎県産のマンゴーは樹上で完熟させるので、購入したらなるべく早く使いきります。タカノフルーツパーラーでは、この他に国産は沖縄県、北海道、千葉県、岡山県など、海外産はタイ、ブラジル、ペルー、メキシコなどのマンゴーを使ったパフェを、それぞれの旬の時期に展開しています。国産は完熟の状態で入荷しますが、海外産は未熟な場合も多く、皮が青いときは追熟が必要です。目安はマンゴーの品種によってことなり、ケント種は赤みを帯びてくれば、アーウィン種は全体にオレンジがかってきたら、カラバオ種は全体が黄色くなったら食べ頃。グリーンマンゴーは色は変わりませんが持ってみてやわらかさを感じるようになれば食べ頃です。ただし、食べ頃を見きわめるのはかなり難しく、食べて確かめる方がよいでしょう。（山形さん）

》》》マンゴーのカッティング

①ヘタ側からペティナイフを入れ、実の中央にある平らな種をさけてカーブを描くように切る。

②種の下側にも同様にナイフを入れて3枚に切り分ける。パフェには両端の2枚を使う。真ん中の1枚は種と皮をはずし、グラニテやソースに使う。

③ペティナイフはまな板にしっかりと押しつけて持ち、先を皮のやや上にさしこむ。ペティナイフの位置は固定したまま、果肉をくるくると回し、皮をむいていく。

④3〜4周回すと皮がすべてむける。

⑤半分に切る。

⑥5をさらに斜めに4〜5等分する。斜めに切ると盛ったときに美しい放射状になる。

⑦6でカットしたうち、端の1切れは一口大に切り、グラスの底に入れるのに使う。

⑧皮を飾り用に、斜めに1枚切り出す。

カッティングのポイント

ペティナイフをまな板に密着させてカットすることで、皮をきれいにむくことができる。

○ 手はまな板の外にあり、ペティナイフはしっかりとまな板に密着している。

✕ ペティナイフの先が浮いている。

✕ ペティナイフの手元側が浮いている。

✕ 手がまな板にのってしまっており、ペティナイフがまな板に密着しない。

ブドウのパフェ

フルーツパーラーフクナガ（西村誠一郎）

10月にお目見えする季節のパフェ。味と色の濃いキャンベルやベリーA、スチューベンなどを使い、4日かけてつくる濃い味わいのシャーベットが要。ブドウは5〜6種を盛りあわせる。グラスの中には皮ごと食べられる黒・緑ブドウを1種ずつカットして入れ、上には丸のままの黒ブドウ2種、緑ブドウ2種、赤ブドウ1種をのせる。

シャインマスカットとピオーネのパフェ

タカノフルーツパーラー
(森山登美男、山形由香理)

皮ごと食べられるシャインマスカットと皮をむいたピオーネをたっぷりと盛り合わせたパフェ。
グラスの中には、ブドウのグラニテがたっぷりと。
ブドウのシャーベット、さっぱりとしたヨーグルトのアイスクリームも盛りあわせ、ブドウのさわやかな味わいを堪能させる。

ブドウのパフェ

フルーツパーラーフクナガ（西村誠一郎）

ピオーネ（皮を花むきする）…1粒

ホイップクリーム…適量
>>>フルーツには植物性の油脂が入っているクリームのほうがなじみがよいと、コンパウンドクリーム（乳脂肪分18％、植物性脂肪分27％）をチョイス。加糖は20％とし、10分立てにする。

ピッテロ・ビアンコ…1粒

オリンピア…1粒

シャインマスカット…1粒

巨峰…1粒

ブドウのシャーベット（自家製）…40g

ナガノパープル（縦半割り）…2切れ

シャインマスカット（縦半割り）…2切れ

ミルクアイスクリーム（市販）…40g
>>> 乳脂肪分3％、植物性脂肪分2％、無脂乳固形分8％のものを使用。さっぱりとした味わいで、フルーツの甘みや香りが引き立つ。

ブドウのシャーベット（自家製・p.201）…40g

>>> 盛りつけ

① ブドウのシャーベットとミルクアイスクリームを順にグラスに入れる。アイスディッシャーで押さえ、グラスの底までシャーベットを詰める。

② シャインマスカットとナガノパープルを半分に切り、断面を外側に向けてそれぞれが対角線上にくるように入れる。

③ ブドウのシャーベットをすくってグラスに入れ、アイスディッシャーで押さえて表面を平らにならす。

④ 巨峰、オリンピア、ピッテロ・ビアンコ、シャインマスカットを並べる。中央はあけておき、どのブドウも尻が外側にくるようにする。

⑤ 4であけておいたところにホイップクリームを絞る。

⑥ ホイップクリームに花むきしたピオーネをのせる。

ブドウについて

巨峰、ピオーネ、ナガノパープル、シャインマスカットといった人気があって、安定して仕入れられる品種をベースに、珍しいものを2〜3種ほど組み合わせています。このほかに、ゴルビー、ロザリオ・ビアンコ、瀬戸ジャイアンツ、黄華、ルーベルマスカット、翠峰など、そのときどきに手に入るものを使います。ひとくちにブドウといっても黒、赤、緑と皮の色もいろいろ。皮ごと食べられたり、皮をむいたほうがよかったり。味わいも食感もさまざまなので、そのちがいを楽しんでもらえるように盛りあわせています。（西村さん）

〉〉〉ピオーネの花むき

① ピオーネのなり口をそぎ切る。

② 尻側に浅く十字の切込みを入れる。

③ 十字に切った皮をペティナイフと右手の親指ではさみ、実の高さの半分くらいまでむく。

シャインマスカットとピオーネのパフェ

タカノフルーツパーラー（森山登美男、山形由香理）

シュー生地の飾り…1つ
>>> シュー生地を細い口金を付けた絞り袋に入れ、ブドウのつるをイメージした形に絞り出して焼いたもの。

粒状のゼリー…適量
>>> ゼリー液を冷たくした油に少量ずつ落としてかためてつくる。かたまったら、よく水洗いしてから使う。

ホイップクリーム（8分立て）…適量
>>> 脂肪分が高すぎるとくどいので、生クリームと植物性クリームをブレンドしてさっぱりとした味わいにしている。加糖は控えめ。

シャインマスカット（花切り）…1粒分
シャインマスカット（縦半割り）…1粒分
ピオーネ（皮をむいて縦半割り）…1粒分
シャインマスカット…1粒
ピオーネ（皮をむく）…3粒

ブドウのシャーベット…50g
>>> ブドウを皮ごとブレンダーにかけて漉し、シロップを加えてアイスクリームマシンにかけてつくる。

ヨーグルトのアイスクリーム…30g
>>> 甘さひかえめのさっぱりとしたもの。

ピオーネのジュース…適量
>>> 種なしピオーネを皮ごとブレンダーにかけて漉したもの。

ブドウのグラニテ…100g
>>> シャーベットに使うのと同じジュースを凍らせる。

サワークリームのムース…20g
>>> サワークリームに泡立てた生クリームを加え混ぜ、ひかえめに甘みをつける。

ブドウと赤ワインのゼリー…10g
>>> ブドウジュースと赤ワインをあわせ、火にかけてアルコール分をとばす。もどしたゼラチンを加えて冷やしかためる。

シャインマスカット（縦半割り）…1/2粒分

ピオーネのジュース…5ml
>>> 皮付きのピオーネをブレンダーでピュレ状にし、漉す。

〉〉〉盛りつけ

① グラスの底にピオーネのジュースを入れる。

② ブドウと赤ワインのゼリーを入れる。

③ 丸口金を付けた絞り袋にサワークリームのムースを入れ、ゼリーの上に絞り出す。グラスにそって絞り始め、うずまき状に中心まで絞るときれいな層がつくれる。

④ ブドウのグラニテをのせる。

⑤ ホイップクリームをグラスにそって一周、円状に絞り出す（5切り・5番の星口金）。

ピオーネについて

果粉と呼ばれる白い粉が吹いたように見えるものが甘くておいしく、鮮度もよいです。ブドウは追熟しない果物なので、仕入れたらなるべく早く使い切りましょう。（森山さん）

シャインマスカットについて

緑色が濃く、粒が大きくて、形がそろっているものがおいしいです。（森山さん）

》》》ブドウの皮をむく

① なり口を切り落とす。

② 尻側に浅く十文字の切込みを入れる。

③ 十文字に切った端を包丁と指ではさみ、ひっぱってむく。

⑥ ホイップクリームの上にピオーネのジュースをスプーンでかける。

⑦ ブドウのシャーベットとヨーグルトのアイスクリームをのせる。その間に皮をむいたピオーネを3粒盛る。

⑧ 残りのブドウを盛る。

⑨ てっぺんにホイップクリームを少量絞り出す。

⑩ ホイップクリームに粒状のゼリーをのせ、シュー生地をさす。

パルフェビジュー レザン 〜ピスタチオジェラートとともに〜

パティスリィ アサコ イワヤナギ
（岩柳麻子）

白ブドウの緑色、赤ブドウの紫色の2色で美しくまとめたパフェ。
ジェラートは色鮮やかなピオーネと、シックな色あいのピスタチオの2種を盛り合わせ、
葛粉でかためたもちもちとしたジュレ、さっぱりとしたレモンのジュレを添える。

葡萄とプラリネノワゼット

パティスリー ビヤンネートル（馬場麻衣子）

ブドウのすっきりとした酸味にヘーゼルナッツプラリネのコクのある味わいをあわせてパフェに。
クローブを加えたシュトロイゼル、バニラビーンズが香るジェラートで甘い香りの要素を加え、味わいに奥行きを生み出している。
底にしのばせたオレンジのジュレの柑橘ならではのさわやかさが、ブドウのすっきりとした味わいの印象をより強める。

パルフェビジュー レザン ～ピスタチオジェラートとともに～

パティスリィ アサコ イワヤナギ（岩柳麻子）

- ブドウ（シャインマスカット・皮付き・種なし）…1粒
- ブドウ（ピオーネ・皮付き・種なし）…1粒
- ブドウ（サニードルチェ・皮付き・種なし）…1粒
- ◎ブドウのジェラート…50g
- ◎ピスタチオのジェラート…50g
- ピスタチオ（生・粗くきざむ）…3g
- クレーム・エペス *2…20g
- ブドウ（シャインマスカット・皮付き・種なし）…1粒
- ブドウ（サニードルチェ・皮付き・種なし）…6粒
- ◎ブドウの葛ジュレ…65g
- ブドウ（シャインマスカット）…1粒
- ブドウ（ピオーネ・湯むき・種なし）…4粒
- ◎レモンのジュレ…40g
- ◎ブドウのソース…20g

*1：生のまま冷凍庫で保存し、冷凍のまま使う。
*2：「クレームエペス」（タカナシ乳業）を使用。

》》》盛りつけ

① グラスの底にブドウのソースを入れる。

② レモンのジュレを重ねる。

③ 湯むきしたピオーネ4粒を入れ、その真ん中にシャインマスカットを1粒入れる。

④ 葛粉ブドウジュレを重ねる。

⑤ シャインマスカット6粒とサニードルチェ1粒をグラスにそって並べる。

◎ブドウのジェラート
1　種なしのピオーネか巨峰を皮付きのまま、食品用の漂白剤を600倍に希釈した殺菌水に30分ひたし、水洗いする。皮付きのままブレンダーにかけてなめらかなピュレにする。
2　ブレンダーに1のピュレ1.5kg、水670g、アガペシロップ540g、レモン果汁30g、安定剤（「シャーベット用シロップベース」コンプリタール）6gを入れ、なめらかになるまで回す。
3　アイスクリームマシンに18～20分かける。

◎ピスタチオのジェラート
1　ブレンダーにピスタチオペースト（シチリア・ブロンテ産ピスタチオを使用。着色料、保存料不使用。フードライナー社製）110g、アガペシロップ30g、ミルクベース（p.12）1.5kgを入れ、なめらかになるまで回す。
2　アイスクリームマシンに18～20分かける。

◎ブドウの葛ジュレ
1　ブドウジュース（山梨産）1kg、葛粉160g、三温糖250g、水1kgを混ぜ、葛粉と三温糖をとかす。
2　鍋に移し、火にかけてたえず木ベラで練りながら炊く。全体が半透明になってきたら保存容器に移し、粗熱がとれるまで常温におく。冷蔵庫で冷やしかためる。

◎レモンのジュレ
1　グラニュー糖100gとアガー26gを混ぜ合わせる。
2　鍋に水600gを入れ、1を加えて混ぜ溶かす。
3　火にかけ、ひと煮立ちしたらレモン果汁200gを加える。再沸騰させて火からおろし、粗熱がとれたら冷蔵庫で冷やしかためる。

◎ブドウのソース
1　鍋にブドウのピュレ（左記「ブドウのジェラート」1）1kg、フランボワーズ（冷凍・ホール）1.1kg、トレハロース700g、NHペクチン4g、グラニュー糖240g、水アメ240gをすべて入れて混ぜ、ひと煮立ちさせる。

パフェとドリンクペアリング
パフェはドリンクとのセットで提供。ここでは、パフェに使うブドウと同じく山梨県産のブドウ、コンコードのジュースをあわせた。渋み、酸味、甘みどれもが濃厚なジュースで、ブドウのおいしさをより深く味わえる。

⑥ クレーム・エペスを中央にぽとんと落とすように入れる。

⑦ ピスタチオをふる。

⑧ ピスタチオのジェラートとブドウのジェラートを1スクープずつ重ねる。

⑨ シャインマスカット、ピオーネ、サニードルチェを1粒ずつのせ、ピスタチオを再度ふる。

葡萄とプラリネノワゼット

パティスリー ビヤンネートル（馬場麻衣子）

- ◎フィユティーヌ・ショコラ…10g
- 粉糖…適量
- ピスタチオ（生・きざむ）…適量
- ◎ソース・プラリネノワゼット…5g
- ブドウ（ピオーネ・湯むき）…1粒
- ブドウ（デラウェア・皮付き）…5粒
- ◎生クリーム（7分立て）…25g
- ◎クローブのシュトロイゼル…8g
- ブドウ（ベニバラオー・皮付き・半割り）…2切れ
- ブドウ（シャインマスカット・皮付き・半割り）…2切れ
- ◎ピオーネのソルベ…60g
- ◎ソース・プラリネノワゼット…5g
- フィユタージュ（解説省略）…5g
- ◎バニラのジェラート…40g
- ブドウ（ベニバラオー・皮付き・半割り）…2切れ
- ブドウ（シャインマスカット・皮付き・半割り）…2切れ
- ◎パンナコッタ・プラリネ…40g
- ◎ジュレ・オランジュ…40g
- ◎ソース・レザン…15g

>>> 盛りつけ

①グラスの底にソース・レザンを敷き、ジュレ・オランジュをグラスの半分に入れる。

②パンナコッタ・プラリネをジュレ・オランジュの横に入れる。

③ブドウ2種を外側から見えるように、バランスよく置く。

④アイススクープでバニラのジェラートをすくい、グラスの中に入れる。

⑤くだいたフィユタージュをジェラートにのせる。

⑥ソース・プラリネノワゼットをかける。

⑦アイススクープでピオーネのソルベをすくい、ジェラートにのせる。

⑧ソルベとグラスのすき間にブドウ2種をバランスよく盛る。

⑨クローブのシュトロイゼルをソルベにのせる。

⑩生クリームをソルベとブドウの上に絞り出す（口径12mmの丸口金）。

⑪ブドウ2種を手前になる側に盛る。

⑫生クリームにソース・プラリネノワゼットをかける。

⑬ピスタチオを生クリームにのせ、粉糖をふる。

⑭フィユティーヌ・ショコラを生クリームの向こう側にさす。

◎フィユティーヌ・ショコラ

1 ミルクチョコレート（カレボー）180g、ヘーゼルナッツプラリネ20gをあわせ、湯煎にかけて溶かす。
2 フィヤンティーヌ（「ロイヤルティーヌ」DGF）100gを加え、やさしくゴムベラで混ぜる。
3 シルパット2枚の裏面を内側にして**2**をはさみ、麺棒で厚さ3mmにのばす。冷凍庫でかためる。

◎ソース・プラリネノワゼット

1 洗双糖60gを鍋に入れて火にかける。洗双糖が溶けたら鍋を回し、均一に焦がしていく。煙が出て、泡が鍋の縁まで上がってきた後、泡が落ち着いて下がるまで熱する。しっかりと苦みをきかせたいので、煙が出てからもしばらく火にかけて焦がす。
2 生クリーム（乳脂肪分38%）40gを温めておき、**1**に少しずつ加える。そのつど泡立て器でよく混ぜて、乳化させる。
3 牛乳110gを温め、**2**に少しずつ加えて泡立て器で混ぜる。続いてヘーゼルナッツプラリネ300gを加え、スティックミキサーで混ぜてしっかりと乳化させる。

◎生クリーム

生クリーム（乳脂肪分41%）420g、生クリーム（乳脂肪分35%）180g、洗双糖36gを合わせてゆるく泡立てる。「かたく泡立てると油分が口に残りやすいので」（馬場さん）、形を保てるギリギリのゆるさにする。

◎クローブのシュトロイゼル

p.182「シナモン・シュトロイゼル」のシナモンパウダーをクローブパウダーにおきかえてつくる。

◎ピオーネのソルベ（できあがり約2ℓ）

1 耐熱バックにブドウ（種なしピオーネ）1kg、ブドウ糖125gを入れ、スチーム100%・90℃のコンベクションオーブンに30分入れる。
2 洗双糖240gと安定剤（ヴィドフィックス）6gをすり混ぜ、水630gとレモン汁25gを少しずつ加え混ぜる。火にかけて沸かし、冷ましておく。
3 **1**と**2**を合わせてブレンダーに入れ、なめらかになるまで回す。アイスクリームマシンに5〜6分かける。

◎バニラのジェラート（できあがり約2ℓ）

1 鍋に生クリーム（乳脂肪分41%）390g、脱脂粉乳90g、洗双糖140g、牛乳230g、バニラビーンズ3gを入れて火にかけ、沸く直前で火を止める。その際、バニラビーンズは種とさやに分け、両方を加える。
2 **1**を常温において粗熱をとり、イエローベース*1160gを混ぜ合わせる。ブレンダーに入れ、なめらかになるまで回す。
3 漉し、アイスクリームマシンに5分かける。

＊：洗双糖330g、生クリーム（乳脂肪分41%）350g、牛乳（乳脂肪分3.6%・「タカナシ牛乳3.6（タカナシ乳業）」）1800g、脱脂粉乳55g、卵黄165gを火にかけ、86℃以上で1分以上温め、冷ます。

◎パンナコッタ・プラリネ

1 鍋に牛乳700g、生クリーム（乳脂肪分35%）300g、洗双糖100gを入れて火にかける。
2 鍋肌がふつふつと沸いたら、氷水でふやかした板ゼラチン17gを加えて溶かす。
3 ボウルにヘーゼルナッツプラリネ150gを入れ、そこに**2**を漉し入れる。
4 スティックミキサーで攪拌して乳化させ、冷蔵庫で冷やしかためる。

◎ジュレ・オランジュ

1 鍋に水590g、ハチミツ160g、洗双糖48g、レモン汁20gを入れて火にかける。
2 鍋肌がふつふつと沸いてきたら、氷水でふやかしておいた板ゼラチン17gを加え、溶かし混ぜる。
3 **2**を漉し、オレンジの皮の砂糖漬け（「オレンジコンフィ（梅原）薄切りのもの）48gを加える。氷水にあてながらゴムベラでかき混ぜて冷やし、オレンジの皮の砂糖漬けが底にしずまないくらいのとろみがついたら容器に移す。冷蔵庫で冷やしかためる。

◎ソース・レザン

1 鍋にブドウ（種なしピオーネ）500g、赤ワイン140g、シナモンパウダー1gを入れて火にかける。沸いたら弱火にし、皮が身からはがれるくらいまで煮る。
2 洗双糖160gとアガー4gをすり合わせ、**1**に加える。ひと煮立ちしたら、スティックミキサーでなめらかな状態になるまで攪拌する。

3種の利きいちじくパフェ

カフェコムサ 池袋西武店(加藤侑季)

3種のイチジクを盛りあわせ、食べくらべを楽しめる仕立てに。イチジクは、とろりとやわらかな「とよみつひめ」、濃厚な香りと味わいの「金のクローバー」、みずみずしい「モーツァルトいちじく」の3品種をチョイス。バニラアイス、パイ生地、生クリームなどを添えるのみのシンプルな構成で、イチジクの味わいのちがいに注目させる。

3種の利きいちじくパフェ
カフェコムサ 池袋西武店（加藤侑季）

- イチジク
  （モーツァルトいちじく・4等分のくし形切り）
  …1切れ
- イチジク
  （とよみつひめ・8等分のくし形切り）
  …1個分
- 黒イチジク
  （金のクローバー・6等分のくし形切り）
  …1個分
- 生クリーム（乳脂肪分38％）…15g
  >>> 0.5％加糖し、8分立てにする。
- バニラアイスクリーム
  （タカナシ乳業）…100g
- イチジク
  （とよみつひめ・薄切り）…1/4個分
- 生クリーム（左記）
  …10g
- パイ生地…17g
- スライスアーモンド（ロースト）…3g
  >>> あわせておく。
- イチジク
  （とよみつひめ、4等分のくし形切り）
  …1切れ

》》盛りつけ

① グラスの底にくし形切りにしたとよみつひめを1切れ入れる。

② パイ生地とアーモンドをくだきながら入れる。

③ 生クリームをグラスにそって一周絞る。

④ 薄切りにしたとよみつひめをグラスの側面にぐるりと貼る。

⑤ バニラアイスクリームを詰め、すき間がなくなるよう、アイススクープの背で押さえる。

⑥ 生クリームを渦巻き状に絞って表面を覆う。

⑦ ペティナイフで生クリームをすりきり、表面を平らにする。

⑧ くし形切りにしたとよみつひめをグラスのふちにそって放射状に並べる。

⑨ とよみつひめの内側にくし形切りにした金のクローバーを同様に並べる。

⑩ 金のクローバーの上にくし形切りにしたモーツァルトいちじくをのせる。

イチジクについて

とよみつひめは福岡生まれの品種。「味わいにクセがなく、食べやすいので」（加藤さん）たっぷりと使っている。金のクローバーは新潟県佐渡ヶ島産の黒イチジクのブランド名で、品種はヨーロッパ原産の「ビオレ・ソリエス」。「皮の色みが美しく、むかずに食べられるので、それを生かしてカッティングしています」（加藤さん）。「モーツァルトいちじく」は江戸時代に日本に伝わった蓬莱柿（ほうらいし）という品種で、島根県でモーツァルトを聴かせながら栽培したもののブランド名。「希少なものなので、あえて大ぶりに切って中央にのせました」（加藤さん）。

〉〉〉とよみつひめのカッティング

① ヘタの周りにペティナイフを入れ、丸く切り取る。
② ヘタから軸に向かって皮をむく。
③ まな板にキッチンペーパーを敷き、皮をむいたとよみつひめをのせる。8等分のくし形に切る。

〉〉〉モーツァルトいちじくのカッティング

① とよみつひめと同様にヘタを取り、皮をむく。
② まな板にキッチンペーパーを敷き、皮をむいたイチジクをのせる。縦4等分に切り、うち3切れはさらに半分に切る。
③ 残り1切れは軸がついていたところを始点にして薄切りにする。

〉〉〉金のクローバーのカッティング

① とよみつひめと同様にヘタを取る。
② まな板にキッチンペーパーを敷き、イチジクを皮付きのままのせる。縦半分に切る。
③ 縦半分に切ったものを、さらに6等分に切る。

左からとよみつひめ、金のクローバー、モーツァルトいちじく

イチジクのパフェ

トシ・ヨロイヅカ 東京（鎧塚俊彦）

イチジクはパティスリーらしく赤ワイン煮に。季節を同じくする洋ナシをアイスクリームに仕立てて合わせ、
ベリー類のアイスクリームやソースとともに重ねている。トップにはワイン用品種のブドウを絞ったジュースでつくる
軽やかな泡状のソースをのせ、香り豊かな秋の味わいを強調する。

ビオレソリエスのパフェ

タカノフルーツパーラー（森山登美男、山形由香理）

濃厚な味わいでコクのある黒イチジク、ビオレ・ソリエスを存分に味わわせる一本。
ソースにもビオレ・ソリエスを贅沢に使っている。
キレのよい酸味の赤スグリのグラニテが、ビオレ・ソリエスのまろやかな味わいをより一層引き立てる。

イチジクのパフェ
トシ・ヨロイヅカ 東京（鎧塚俊彦）

- ◎トラウベンモストのエスプーマ…適量
- ◎赤ワインゼリー…10g
- ◎フランボワーズのクーリ…10g
- ◎イチジクの赤ワイン煮（角切り）…1/2個分
- ◎洋ナシのアイスクリーム…25g
- ◎カシスのアイスクリーム…20g
- ◎フランボワーズのコンフィチュール…大さじ1
- ◎イチジクの赤ワイン煮（角切り）…1/2個分

》》》盛りつけ

① イチジクの赤ワイン煮を入れ、フランボワーズのコンフィチュールを入れる。ソースはグラスが汚れないよう、パフェスプーンを使って中央に入れる。

② パフェスプーンでカシスのアイスクリームを少しずつすくって詰める。

③ 同様にして洋ナシのアイスクリームを詰める。

④ イチジクの赤ワイン煮をのせ、フランボワーズのコンフィチュールを入れる。

⑤ 赤ワインのジュレを重ねる。

◎トラウベンモストのエスプーマ
1　白ブドウのジュース（「ワイサー・トラウベンモスト」*¹）100gとエスプーマ・コールド（ソーサ社）*² 3gを混ぜて、エスプーマ専用サイフォンに詰める。
＊1：オーストリアのワイナリー、ワインバウ シュトロム社がワイン用ブドウ品種でつくるジュース。他に赤ブドウ、ロゼブドウのジュースがある。
＊2：粉末状の増粘剤。液体に混ぜて専用のサイフォンに詰め、泡状に絞り出すことができる。

◎赤ワインゼリー
1　イチジクの赤ワイン煮（下記）の煮汁を漉し取り、温める。氷水でふやかしておいた板ゼラチン（煮汁の重量の1.5％）を加えて溶かす。
2　氷水をあてながら混ぜて粗熱をとり、冷蔵庫で冷やしかためる。

◎フランボワーズのクーリ
1　フランボワーズ（生）をハンドブレンダーでピュレ状にする。

◎イチジクの赤ワイン煮
1　イチジクは皮をむき、半分に切る。ボウルに入れる。
2　鍋に赤ワイン250g、水250g、グラニュー糖150gを合わせて沸かし、1のボウルに注ぐ。粗熱がとれるまで常温におき、冷蔵庫に2時間おいてから使う。

◎洋ナシのアイスクリーム
1　ソース・アングレーズをつくる。
①ボウルに卵黄50g、グラニュー糖45gを入れ、すり混ぜる。
②鍋に牛乳200g、生クリーム（乳脂肪分32％）100gを入れて、人肌程度まで温める。
③①のボウルに②の牛乳を少しずつ加えて混ぜる。②の鍋に戻し入れて弱火にかけ、ゴムベラで混ぜながら、とろみがつくまで加熱する。
④氷水にあてながら混ぜて粗熱をとる。
2　ソース・アングレーズ80g、洋ナシのピュレ（ボワロン社）150g、生クリーム（乳脂肪分32％）80gを混ぜる。アイスクリームマシンにかける。

◎カシスのアイスクリーム
1　ソース・アングレーズ（上記）150g、カシスの濃縮果汁（「トックブランシュ カシス（ドーバー）」）25g、ハチミツ25gを混ぜる。アイスクリームマシンにかける。

◎フランボワーズのコンフィチュール
1　鍋にフランボワーズ（生）100gとグラニュー糖45gを合わせて火にかける。
2　ひと煮立ちしたらアクをひき、弱火にしてとろみがつくまで炊く。途中、アクはこまめにすくう。

❻ エスプーマ専用サイフォンからトラウベンモストのエスプーマを絞り出す。

ビオレソリエスのパフェ

タカノフルーツパーラー（森山登美男、山形由香理）

- シュー生地の飾り…1つ
  >>> シュー生地を細い口金を付けた絞り袋に入れ、波状に絞り出して焼いたもの。
- ミントの葉…適量
- 赤い粒状のゼリー…適量
  >>> フランボワーズのリキュールを入れたゼリー液を冷たくした油に少量ずつ落としてかためてつくる。かたまったら、よく水洗いしてから使う。

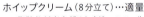

- ホイップクリーム（8分立て）…適量
  >>> 脂肪分が高すぎるとくどいので、生クリームと植物性クリームをブレンドしてさっぱりとした味わいにしている。加糖は控えめ。
- ビオレ・ソリエス（半割り）…1切れ
- ビオレ・ソリエス（くし形切り）…3切れ
- ビオレ・ソリエス（薄切り）…5切れ
- バニラアイスクリームとビオレ・ソリエスのシャーベット…あわせて80g

- ビオレ・ソリエスのジュース…適量
  >>> ビオレ・ソリエスを皮ごとブレンダーにかけ、ピュレ状にする。
- ホイップクリーム（上記）…15g
- 赤スグリのグラニテ…100g
- ビオレ・ソリエスの白ワイン煮…2切れ
- フロマージュ・ブランのムース…20g
- ビオレ・ソリエス（角切り）…2切れ
- コアントローのゼリー…30g
- ビオレ・ソリエスのジュース…適量

〉〉〉盛りつけ

①グラスの底にビオレ・ソリエスのジュースを入れ、コアントローのゼリーを重ねる。

②角切りにしたビオレ・ソリエスをゼリーの中に入れる。

③フロマージュ・ブランのムースを絞り入れる（丸口金）。

④ビオレ・ソリエスの白ワイン煮をのせる。

⑤赤スグリのグラニテをのせ、ホイップクリームをグラスにそって一周、絞る。

⑥ホイップクリームの上にビオレ・ソリエスのジュースを流す。

⑦バニラアイスクリームとビオレ・ソリエスのシャーベットを半分ずつすくって1スクープにしたものとビオレ・ソリエスの薄切りをのせる。

⑧半割りにしたビオレ・ソリエスをのせる。

⑨くし形切りにして皮を半分むいたビオレ・ソリエスをのせる。

⑩てっぺんにホイップクリームを少量絞り（星口金）、赤い粒状のゼリー、ミントの葉、シュー生地を飾る。

ビオレソリエスについて

ビオレ・ソリエスはフランスで古くから栽培されている黒イチジク品種。日本ではまだ生産量は少なく、新潟県佐渡ヶ島、佐賀県、石川県などで栽培されています。皮がやわらかく、皮のすぐ下あたりの香りがもっとも強いので、皮ごと食べてもおいしいです。濃厚なコクがあり、コンポートなどの加工にもむいています。カッティングの際は、やわらかい果肉をつぶしてしまわないよう、なるべく力を入れずに押さえて切りましょう。（森山さん）

〉〉〉ビオレソリエスの半割り、くし形切り

①
軸を切り落とす。切り口から白い汁が出ることがあるが、これにさわるとかゆくなる。

② 汁が出たときは、タオルなどでふき取るとよい。

③ 縦半分に切る。半分はそのまま使う（半割り）。

④ もう半分を3等分のくし形切りにする。

⑤
4でくし形切りにした黒イチジクを皮を下にしてまな板に置く。ペティナイフをまな板にそって動かし、皮を半分ほどむく。

⑥
皮を半分切り落とす（くし形切り）。

〉〉〉ビオレ・ソリエスの薄切りと角切り

①
ビオレ・ソリエス1/2個分を薄切りにする（薄切り）。

②
残りを半分に切る。

③
さらに半分に切る（角切り）。

チョコミントチェリーのパフェ

アトリエ コータ（吉岡浩太）

チョコレートムースの濃厚さ、ミントソースのさわやかな香りと味わい、
チェリーのソルベとコンポートの酸味が絶妙のハーモニーを生む。パーツとパーツの間には
スポンジ生地をはさんでへだて、それぞれの味わいを楽しみながら食べることもできるようにしている。

大人のさくらんぼパフェ

ホテル インターコンチネンタル 東京ベイ ニューヨークラウンジ
（德永純司）

酸味と甘みがぎゅっと濃縮されたアメリカンチェリーに、ダークチョコレートの苦み、ピスタチオのコクと香りをあわせてパフェに。チョコレートコポーとチュイルの軽やかなフォルム、ずらりと並んだアメリカンチェリーの断面、シックな色あい、とホテルラウンジならではの落ち着いたデザインの美しさも魅力。

75

チョコミントチェリーのパフェ
アトリエ コータ（吉岡浩太）

- チョコレートの飾り（p.229）…7g
- 生クリーム（7分立て・p.33）…15g
- チョコレートムース（p.229）…30g
- スポンジ生地（直径4cm・厚さ1cm・解説省略）…1枚
- ◎チェリーのソルベ…35g
- スポンジ生地（直径4cm・厚さ1cm・解説省略）…1枚
- ◎バニラアイスクリーム…30g
- 生クリーム（7分立て・p.33）…15g
- スポンジ生地（直径4cm・厚さ1cm・解説省略）…1枚
- ◎チェリーのコンポート…25g
- ◎ミントソース…40g

>>> 盛りつけ

①	②	③	④	⑤

グラスにチェリーのコンポートを入れる。	スポンジ生地をコンポートにのせ、指で軽く押さえて安定させる。	生クリームをスプーンですくい入れる。	バニラアイスクリームをクネルにとり、端に寄せて置く。	バニラアイスクリームにスポンジ生地をのせ、指で軽く押さえて安定させる。

◎チェリーのソルベ
1 チェリーのピュレ（ボワロン）500g、シロップ（グラニュー糖と水を同量ずつ合わせて沸かし、冷ましたもの）250gを混ぜ合わせる。
2 1をアイスクリームマシーンに入れ、粒子が細かくなり、持ち上げてたらすとぼとっと落ちるかたさになるまで回す。

◎バニラアイスクリーム
1 鍋に牛乳800g、生クリーム（乳脂肪分38％）200g、二番のバニラ2/3本を入れて鍋肌がふつふつと沸くまで温める。
2 1を温めている間に、ボウルに卵黄200gとグラニュー糖200gを入れ、すり混ぜる。
3 2のボウルに1を少しずつ注いでよく混ぜる。湯煎にかけ、とろみが出るまで混ぜながら温める。
4 漉し、氷水にあてて混ぜながら冷ます。アイスクリームマシーンに入れ、粒子が細かくなり、持ち上げてたらすとぼとっと落ちるかたさになるまで回す。

◎チェリーのコンポート
1 オーダーが入ったら、鍋にチェリー（缶詰）5粒、オレンジジュース30g、グラニュー糖5gを入れて火にかけ、煮詰める。粗熱をとり、冷蔵庫に入れる。

◎ミントソース
1 オーダーが入ったら、バニラアイスクリーム（左記）30g、生クリーム（7分立て・p.33）15g、スペアミントの葉1gをハンドブレンダーでピュレ状にする。

⑥ チェリーソルベをクネルにとり、スポンジ生地の上に置く。

⑦ ソルベにスポンジ生地をのせる。

⑧ チョコレートムースをクネルにとり、スポンジ生地の上に置く。

⑨ グラスの中にスプーンをさしこんで生クリームを流し入れ、そのままチョコレートムースの上にスプーンを動かす。

⑩ チョコレートの飾りをチョコレートムースとグラスの縁にのせるようにして盛り、ミントソースを添える。

大人のさくらんぼパフェ
ホテル インターコンチネンタル 東京ベイ ニューヨークラウンジ（德永純司）

- 金箔…適量
- ◎チュイル・ショコラ…5g
- ◎グラス・ピスターシュ…20g
- ◎アメリカンチェリーのマリネ…5粒分
- ◎チョコレート・コポー…適量
- ◎クレーム・マスカルポーネ…30g
- ◎アメリカンチェリーのマリネ…3粒分
- ◎グラス・ショコラ…35g
- ◎シュトロイゼル・ショコラノワゼット…15g
- ◎クレーム・マスカルポーネ…10g
- ◎グリオットチェリーのコンポート…8g

》》盛りつけ

① クレーム・マスカルポーネを絞り入れる（星口金8切り10番・以下同）。

② シュトロイゼル・ショコラノワゼットでクレーム・マスカルポーネを覆う。

③ グラス・ショコラを2スクープのせる。

④ アメリカンチェリーをグラス・ショコラのまわりに入れる。

⑤ クレーム・マスカルポーネを絞って、グラスショコラを覆う。

⑥ 5の上にさらにクレーム・マスカルポーネを2周絞る。

⑦ 5で絞ったクレーム・マスカルポーネをチョコレート・コポーで覆う。

⑧ 6で絞ったクレーム・マスカルポーネの周りにアメリカンチェリーを一周飾る。

⑨ グラス・ピスターシュをスプーンでクネルにとり、てっぺんにのせる。

⑩ グラス・ピスターシュの上にチュイル・ショコラをのせ、金箔を飾る。

◎チュイルショコラ

1 ボウルに粉糖100gと常温にもどしたバター100gを入れ、ゴムベラでバターをつぶしながらすり混ぜる(**a**)。

2 なめらかになったら(**b**)、常温にもどした冷凍卵白100gを4～5回に分けて少しずつ加え(**c**)、そのつどしっかりと混ぜる(**d**)。

3 途中、混ざりにくくなってきたら泡立て器に持ちかえてよく混ぜる(**e**)。混ぜ終わりはなめらかにはならないが(**f**)、この後に粉を加えるとつながる。

4 薄力粉90gとココア15gはあわせてふるい、**3**に一気に加える。ゴムベラでツヤが出てふっくらとした状態(**g**)になるまで切り混ぜる。

5 天板にシルパットを敷き、**4**をパレットナイフで薄くのばす(**h**)。

6 コームで筋をつける(**i**)。

7 端の余分な生地をパレットナイフで取り除き(**j**)、形をととのえる。170℃のオーブンで5分ほど焼く。

8 オーブンから出したらすぐに、パレットナイフを生地とシルパットの間にすばやくすべらせて生地をはがす(**k**)。

9 すぐに生地をふんわりと丸める(**l**)。生地はすぐに冷めてかたまるので(**m**)、すばやく作業を行なう。

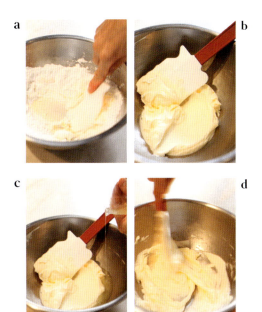

◎グラス・ピスターシュ
1 アングレーズソースをつくる。
① 鍋に牛乳1kg、生クリーム（乳脂肪分35%）200g、バニラビーンズ1gを入れて火にかけ、沸騰寸前まで温める。
② ボウルに卵黄200gとグラニュー糖240gを入れてすり混ぜる。
③ ②を泡立て器でかき混ぜながら、①を注ぎいれる。鍋に戻し入れて弱火にかけ、ゴムベラでたえずかき混ぜながらとろみが出るまで加熱する。
④ 氷水にあてて急冷する。
2 アングレーズ・ソースに安定剤（ヴィドフィックス）10g、ピスタチオペースト100g、キルシュ20gを順に加え、そのつどゴムベラでよく混ぜる。
3 アイスクリームマシンに10分ほどかける。

◎アメリカンチェリーのマリネ
1 アメリカンチェリーの割れ目にそって種の周りに包丁を一周入れ、果肉を両手で持ってひねる。片側に種が残るので、スプーンでくり抜いて取り除く。
2 1をボウルに入れ、粉糖とキルシュ各適量をふって和える。粉糖とキルシュがなじむまでおいておく。

◎チョコレート・コポー
1 ダークチョコレート（カカオ分55%・「エクアトリアール・ノワール（ヴァローナ）」）適量は溶かしてテンパリングし、板状にかためる。
2 直径5cmのセルクルで手前に向かってチョコレートの表面を薄くかいて削る(a)。

a

◎クレーム・マスカルポーネ
1 「グラス・ピスターシュ」のつくり方（上記）を参考に、ソース・アングレーズをつくる。分量は生クリーム（乳脂肪分35%）300g、バニラビーンズ1g、卵黄60g、グラニュー糖60g。
2 マスカルポーネ100g、キルシュ10gを加え、そのつどゴムベラで混ぜる。冷蔵庫で一晩ねかせる。
3 ツノがピンと立ち、ホイッパーから落ちないくらいのかたさになるまで泡立てる。

◎グラス・ショコラ
1 「グラス・ピスターシュ」のつくり方（左記）を参考に、ソース・アングレーズをつくる。分量は牛乳1kg、生クリーム（乳脂肪分35%）200g、卵黄200g、グラニュー糖150g。
2 とろみがついたらダークチョコレート（カカオ分66%・「カライブ（ヴァローナ）」）150gを加える。スティックミキサーでよく混ぜて乳化させる。
3 氷水にあてて急冷し、アイスクリームマシーンに10分ほどかける。

◎シュトロイゼル・ショコラノワゼット
1 ボウルに常温にもどしたバター50gを入れ、グラニュー糖50g、ヘーゼルナッツパウダー50g、薄力粉50gを順に加え、そのつどゴムベラで混ぜる。
2 シルパットを敷いた天板に広げ、160℃のオーブンで15分焼く。天板にのせたまま冷まし、冷めたら手でくだく。
3 2をボウルに入れ、きざんだヘーゼルナッツ15g、湯煎で溶かしたチョコレート50gを加えて混ぜる。

◎グリオットチェリーのコンポート
1 鍋に水100g、グラニュー糖95g、バニラビーンズ1/5本を入れて沸かす。
2 鍋の中身が熱いうちに、フランボワーズのピュレ（ボワロン）30gとグリオットチェリー（冷凍・ホール）150gを順に加え混ぜる。

グラス コレクション ①

フルーツパーラーのフルーツパフェ

フルーツパーラーのパフェといえば、さまざまなフルーツを盛りこむフルーツパフェ。盛りつけのビジュアルやフルーツのラインナップにお店の個性とスタイルがあらわれる。

フルーツパフェ
フルーツパーラーフクナガ（西村誠一郎）

フルーツパフェ
フルーツパーラー ゴトー（後藤浩一）

季節を問わず手に入りやすいキウイ、オレンジ、
バナナ、グレープフルーツ、メロンの5種に加え、
旬のフルーツ2〜3種を組み合わせてつくる。
色とりどりのフルーツの断面がグラスを彩る
楽しいデザインで、次はどんなフルーツが出てくるか
宝探しの気分で味わってもらう。
グラスの底にはバニラアイス、フルーツの間には
グレープフルーツの自家製シャーベットを。
グレープフルーツはどんなフルーツとも相性がよく、
色あいもかわいらしい。

バニラアイスクリームと自家製のバナナの
アイスクリームを重ね、上に7種のフルーツを放射状に盛る。
以前は長らく5種で構成していたが、
増やしたり減らしたりといろいろ試してみて、
7種に落ち着いた。グラスとの兼ね合いか、
1種減らすとさみしく感じるが、1種増やすとややうるさく
感じるという絶妙のバランス。フルーツのうち、バナナ、
パイナップル、キウイは通年で共通だが、
そのほかは季節ごとによりおいしいものを使う。

千疋屋スペシャルパフェ
千疋屋総本店フルーツパーラー 日本橋本店（井上亜美）

上には7種のフルーツとたっぷりのホイップクリーム。
グラスの中にはバナナ、マンゴー、バニラの
3種のアイスクリームが。ソースはイチゴとマンゴーの
2種を使用。千疋屋の高品質なフルーツを多種味わえると
あって通年で人気の品。フルーツはマスクメロン、
バナナ、キウイ、パイナップル、オレンジの5種をベースに、
季節によってスイカ、サクランボ、イチゴ、カキなどが入る。

フルーツパフェ
タカノフルーツパーラー（森山登美男、山形由香理）

フルーツは年間を通じて、常に12種類をのせる。
夏にはモモやブドウを使うことも。アイスクリームは
バニラアイスと2種のシャーベット。シャーベット2種も
季節によって変わり、ここではイチゴとマンゴーの
シャーベットを使っている。グラスの底にはコアントローが
香るゼリーとリンゴの角切りを入れ、
さっぱりとした後口に仕上げている。

フルーツパフェ
フルーツパーラーフクナガ（西村誠一郎）

ホイップクリーム…適量
>>> フルーツには植物性の油脂が入っているクリームのほうがなじみがよいと、コンパウンドクリーム（乳脂肪分18％、植物性脂肪分27％）をチョイス。加糖は20％とし、10分立てにする。

ナガノパープル…1粒

グレープフルーツ
（ルビー、縦8分割）…1切れ

グレープフルーツのシャーベット
（自家製）…40g

メロン（縦12分割を4等分）…1切れ

洋ナシ（ラ・フランス、縦12分割を半分に切る）…1切れ

パイナップル（一口大）…1切れ

カキ（富有柿・くし形切り）…1切れ

バナナ（長さ約4cmの斜め切り）
…1切れ

オレンジ（くし形切り）…1切れ

ナガノパープル（半分に切る）…1切れ

キウイ（輪切り）…1切れ

ミルクアイスクリーム
（市販）…40g
>>> 乳脂肪分3％、植物性脂肪分2％、無脂乳固形分8％のものを使用。さっぱりとした味わいで、フルーツの甘みや香りが引き立つ。

〉〉〉盛りつけ

① アイススクープでミルクアイスクリームをすくってグラスに入れる。

② キウイとナガノパープルを断面を外側にして入れる。

③ オレンジをキウイの隣に入れ、中央にバナナを入れる。

④ オレンジとブドウの間にパイナップルとカキを入れる。

⑤ 上に洋ナシとメロンをのせる。

⑥ グレープフルーツのシャーベットをかき取り、フルーツの上にのせる。

⑦ アイススクープの底でシャーベットを平らにならす。

⑧ 左手前をあけて、グレープフルーツとナガノパープルをのせる。

⑨ あけておいたところにホイップクリームを絞る。

グレープフルーツについて

フロリダ産のルビーグレープフルーツを使っています。さわってみてふかっとした手ざわりのものは皮が厚くてあまりおいしくありません。皮が薄くて、パーンと張った感触のあるものがおいしいです。（西村さん）

〉〉〉カッティング

① 縦半分に切る。
② 1を4等分する。
③ 芯を切り取る。
④ 3をまな板に置き、包丁を動かして皮を途中までむく。
⑤ むいた皮を切り落とす。

メロンについて

静岡県産クラウンメロンを使用。網目が細かくて美しく、香りがよいものを選んでいます。（西村さん）※詳しくは、p.124 メロンのパフェ参照。

〉〉〉カッティング

① へた側の端を切り落とす。
② 縦半分に切る。
③ 種とワタを取り除き、6等分に切る。
④ まな板に皮を下にして置き、包丁を動かして皮をむく。
⑤ 4等分ほどに切る。

洋ナシについて

山形県産のラ・フランス、メロウリッチなど、そのときどきにおいしいものを使っています。（西村さん）※詳しくは、p.100 洋梨のパフェ参照。

〉〉〉カッティング

① 縦半分に切る。
② ヘタを取り、6等分に切る。
③ 芯を切り取る。
④ 皮をむいて半分に切る。皮をむくときは包丁の位置は固定して、洋ナシを動かす。

パイナップルについて

品質と入荷が安定しているフィリピン産を使うことが多いです。大きすぎず、小さすぎないサイズのものを選んでいます。葉と反対側がもっとも甘く、葉のついているほうを下にして保存すると、甘みが全体にまわります。葉がしなびておらず、黄色がかったものがおいしいです。（西村さん）

》》》カッティング

① 葉がついている側の端を切り落とす。
② 縦半分に切る。
③ 芯に左右からV字に切り込みを入れ、芯をはずす。
④ 半分に切る。端を切り落とし、厚さ2cmほどに切る。
⑤ 皮を下にしてまな板に置き、包丁を動かして皮をむく。

◎バナナについて

ドール社の「スウィーティオバナナ」を使用。黄色が濃いものを選びます。シュガースポットと呼ばれる黒い斑点がぽつぽつと出始めたくらいのものが食べ頃です。（西村さん）

》》》カッティング

① 端を斜めに切り落とす。
② 厚さ2cmほどの斜め切りにする。
③ 皮に包丁で切り込みを入れ、手でむく。

オレンジについて

フロリダ産か南アフリカ産を使っています。持ち重りがするもののほうがおいしいです。（西村さん）

》》》カッティング

① 縦半分に切る。
② 芯に左右からV字に切り込みを入れ、芯を取り除く。
③ 6等分に切る。
④ 皮を下にしてまな板に置き、包丁を動かして皮をむく。

キウイについて

国産のキウイが出回る1〜3月は愛知や愛媛などの国産ものを、それ以外の時期はニュージーランド産のグリーンキウイを使用。小さいのは酸っぱいので、大きめのものを選んでいます。ゴールデンキウイは糖度が高く、フルーツパフェの中では甘さが際立ちすぎてしまうので、うちでは使いません。(西村さん)

〉〉〉カッティング

①
輪切りにする。

②
左手で支えながらまな板の上に立てる。ペティナイフの先を差し込み、キウイを回しながら包丁も動かし、皮をむく。

③
3 きれいな輪状にむける。

フルーツパフェ

フルーツパーラー ゴトー（後藤浩一）

ブドウ（スチューベン）…1粒

生クリーム…適量
>>> 乳脂肪分47％のもの240gと乳脂肪分42％のもの100gを合わせ、上白糖40g、バニラエッセンス数滴を加えて9分立てにする。

バナナ（斜めに切る）…1切れ
オレンジ…1/12個分
リンゴ（シナノスイート）…1/12個分
パイナップル…2切れ
キウイ（輪切りを半分に切る）…2切れ
カキ（刀根早生柿／とねわせがき）…1/16個分

ミックスフルーツのアイスクリーム
（自家製・p.204）…50g

バニラアイスクリーム
（タカナシ乳業）…50g

イチジクのコンフィチュール…15g
>>> 季節によって、リンゴ、日向夏、アンズのコンフィチュールやグレープフルーツのシュガーマリネなどを使う。

〉〉〉盛りつけ

① イチジクのコンフィチュールをグラスの底に入れる。

② バニラアイスを入れ、アイススクープで押さえて詰める。

③ バナナのアイスクリームを1スクープのせる。

④ アイスクリームのまわりに、奥から時計回りにバナナ、オレンジ、リンゴを放射状に並べる。

⑤ バナナの隣にパイナップル、キウイを順に放射状に並べる。

⑥ 手前のすき間を埋めるようにカキをのせる。

⑦ フルーツから少し頭が出るくらいの高さに生クリームを絞る（星口金・6切り口径6mm）。

⑧ カキの上にブドウをのせる。

スチューベンについて
粒が大きいほうが甘いことが多いように思いますが、房によって味がちがうので、使う前に1粒食べてみて確認します。(後藤さん)

バナナについて (p.137 参照)

オレンジについて
春から夏はカリフォルニア産を、冬は南アフリカ産を使っています。ほぼ通年使いますが、端境期である冬の終わりや秋はスカスカして果汁が少ないので、その時期は仕入れません。(後藤さん)

リンゴ (シナノスイート) について
かためのものを選んでいます。紅玉が出回る時期には紅玉を使います。リンゴは年明け以降に出回るものは貯蔵品なので、収穫時期である10〜11月の新鮮でおいしいときに使っています。(後藤さん)

》》》カッティング

① 尻側を上にしてまな板に置き、縦半分に切る。尻側を上にして置くと安定する。
② さらに半分に切る。
③ 3〜4等分にする。
④ 芯をV字形に切り取る。

キウイについて
ゼスプリのものを使用しています。持ってみてややかために感じるくらいのものを使います。ふにゃふにゃして熟しすぎたもの、かたくてガリガリとした食感のものは使いません。(後藤さん)

》》》カッティング

① 端を厚めに切り落とす。
② 反対側の端も同様に切り落とす。
③ 縦半分に切る。
④ 3等分に切る。
⑤ 手に持ち、包丁を固定し、キウイを動かして皮をむく。

パイナップルについて

尻だけがほんのり黄色くなった程度で、だいたいの部分が青いうちに使います。若めの味わいが好きだということもありますが、全体が黄色くなる頃には熟しすぎて果肉がブヨブヨしてきます。パインのパフェには甘い下の方を、フルーツパフェには上の方を使います。（後藤さん）

〉〉〉カッティング

① ヘタがついている側を厚めに切り落とす。
② 尻側も厚めに切り落とす。
③ 縦半分に切る。
④ さらに半分に切る。
⑤ 芯を切り取る。

⑥ 皮をむく。
⑦ 厚さ1cm強に切る。

刀根早生柿について

「平核無柿(ひらたねなしがき)」の枝代わり品種です。平核無柿は新潟県原産の四角くて平たい形の種なし渋柿。枝代わりとは、突然変異をおこした枝のこと。平核無柿と同じ形の種なし柿ですが、より早い時期に収穫されます。果肉はしっかりとして甘みが強く、ジューシーです。炭酸ガスで渋抜きして出荷されます。和歌山県産などを使用。(後藤さん)

⟩⟩⟩ カッティング

① ヘタを下にして置き、半分に切る。
② 手でヘタの部分を割る。
③ ヘタをV字形に切り取る。
④ 3を8等分にする。手に持ち、包丁の位置を固定し、カキを動かして皮をむく。

盛りつけのポイント

盛りつけは12時の位置からまず右に向かって3種盛り(①)、次にまた12時の位置から左に向かって2種盛り(②)、最後の1種ですき間を埋めるようにすると(③)、バランスよくきれいに盛れる。

千疋屋スペシャルパフェ
千疋屋総本店フルーツパーラー 日本橋本店（井上亜美）

ブドウ（紫苑）…1粒

ホイップクリーム…40g
>>> 生クリーム（乳脂肪分47％）とコンパウンドクリーム（乳脂肪分18％・植物性脂肪27％）を半量ずつ混ぜ、9分立てにする。

マスクメロン…1切れ
バナナ（斜め切り）…1切れ
スイカ…1切れ
キウイ（輪切り）…1切れ
パイナップル（扇形に切る）…1切れ
オレンジ（くし形切り）…1切れ

バナナアイスクリーム（自社製）…60g

ホイップクリーム（左記）…10g
マンゴーシャーベット（自社製）…60g
マンゴーソース…適量
バニラアイスクリーム…60g
イチゴソース…35mℓ

>>> 盛りつけ

❶ イチゴソースを入れる。

❷ バニラアイスクリームを1スクープのせ、アイスディッシャーで押してすき間がなくなるように詰める。

❸ マンゴーソースをグラスにそって入れる。

❹ マンゴーシャーベットを1スクープのせ、アイスディッシャーで押さえる。

❺ マンゴーシャーベットとグラスの間を埋めるようにホイップクリームを絞る（星口金・8切り6番）。

❻ バナナアイスクリームを1スクープのせる。

❼ バナナアイスクリームのまわりにメロン、バナナ、スイカ、キウイ、パイナップル、オレンジを飾る。

❽ ホイップクリームを絞る。

❾ ホイップクリームにブドウをのせる。

ブドウ（紫苑）について

山梨県でつくられた赤ブドウ品種です。糖度が高く、粒が大きくて、果汁が多いです。ブドウはどの品種も張りがあるものがおいしいです。仕入れたらなるべく早く使います。ブドウをパフェのトップに使うのは10月～11月頃。季節によってイチゴ、サクランボなどに変わります。（井上さん）

マスクメロンについて（p.133参照）

〉〉〉カッティング

① 厚さ3cmのくし形に切り出し、尻側の1/3を切り取る。

バナナについて（p.139参照）

〉〉〉カッティング

① 端を切り落とす。
② 厚さ4cmの斜め切りにする。
③ 皮に包丁で切り込みを入れる。
④ 手で皮をむく。

スイカについて

たたいてみて鈍い音がするときは熟しすぎ。高くて軽いコンコンという音がするくらいが食べ頃です。また、縞模様がはっきりとして、緑と黒が濃いものがおいしいです。冷やしすぎるとおいしくないので、提供の2時間前に冷蔵庫に入れます。(井上さん)

》》》カッティング

① 12等分のくし形に切り、さらに半分に切る。まな板に皮を下にして置き、包丁を動かして皮の上に切り込みを入れる。

② 厚さ1cmに切る。

キウイについて

キウイは尻側からやわらかくなっていきます。ヘタのまわりの盛り上がったところに軽くふれてみて、やわらかさを感じるようであれば食べ頃です。(井上さん)

》》》カッティング

① ヘタのまわりにぐるりと一周、包丁を入れる。手でひねってはずす。

② 厚さ1cmの輪切りにする。

③ まな板に立てて置き、包丁を皮の上にさしこむ。包丁を動かすと同時にキウイを回し、皮をむく。

④ きれいな円形にむける。

パイナップルについて

ヘタがついている方よりも尻の方が大きいものが甘くておいしいです。上部が青くても尻が黄色くなっていれば熟している証拠で、むしろ青々としているのは新鮮な証拠。(井上さん)

》》 カッティング

①両端を落とし、縦4つ割りにする。1/3の幅に切り分ける。皮を下にしてまな板に置き、包丁を動かして皮をむく。

②芯をV字形に切り落とす。

③厚さ1cmに切る。

オレンジについて

オレンジは収穫後は追熟しないので、なるべく新鮮なうちに使い切ります。持ってみて、ずっしりと重みを感じるもの、表面にツヤがあるものが果汁が多くておいしいです。ヘタがくぼんでいるものは皮が厚くて実が少ないので、ピンと張りがあるものを選びます。(井上さん)

》》 オレンジのカッティング

①縦半分に切り、そこから1/3切り出す。

②芯を切り落とす。

③皮を下にしてまな板に置き、包丁を動かして皮をむく。

盛りつけのポイント

上から見ると風車のように、フルーツの先が同じ方向を向くよう盛る。動きが出て美しい盛りつけになる。

フルーツパフェ

タカノフルーツパーラー（森山登美男、山形由香理）

ブルーベリー…1粒
フランボワーズ…1粒

ホイップクリーム
（8分立て）…5g
>>> 脂肪分が高すぎるとくどいので、生クリームと植物性クリームをブレンドしてさっぱりとした味わいにしている。加糖は控えめ。

イチゴ（縦半分に切る）…1/2粒分
グレープフルーツ
（くし形切りの半分）…2切れ
オレンジ（くし形切りの半分）…2切れ
パイナップル…1切れ
ドラゴンフルーツ…1切れ

スイカ…1切れ
メロン…1切れ
キウイ（輪切り）…1切れ
パパイヤ（くし形切り）…1切れ
イチゴシャーベット（自社製）…50g
マンゴーシャーベット
（自社製）…50g
バニラアイスクリーム…50g
>>> フルーツの味わいをじゃましないよう、香りと甘みともに控えめなもの。

グレープフルーツ…1切れ
オレンジ…1切れ

コアントロー入りのゼリー…30g
リンゴ（角切り）…少量

》》》盛りつけ

① グラスにリンゴの角切りを入れる。

② コアントロー入りのゼリーをくずし入れる。

③ オレンジとグレープフルーツを入れ、バニラアイスクリームを1スクープ入れる。

④ マンゴーシャーベットとイチゴシャーベットを入れる。

⑤ シャーベットの奥にスイカとメロン、手前にパパイヤとキウイを盛る。

⑥ シャーベットの上にドラゴンフルーツとパイナップルを盛る。

⑦ オレンジとグレープフルーツをのせる。

⑧ イチゴをのせ、ホイップクリームを絞り（星口金・5切り5番）、フランボワーズとブルーベリーをのせる。

スイカについて

フルーツパフェのてっぺんに通年のせています。国産のスイカが一年中手に入るフルーツパーラーならでは。（森山さん）

 ①  ②  ③  ④  ⑤

① 包丁の刃をとんとんとまんべんなくあて、ごく浅い切込みを入れる。こうすることで切り分けるときに割れにくくなる。

② 縦半分に切る。

③ 1/5を切り出す。

④ 端を落とし、1.5cmの厚さに切る。

⑤ 皮を切り落とす。

パパイヤについて

苦みが少なく、味のバランスがよいハワイ産を使用。手で持ってみてほんの少し弾力を感じるくらいが食べ頃ですが、見きわめはとても難しいです。（森山さん）

 ①  ②  ③  ④  ⑤

① なり口を切り落とす。

② 断面を下にして置き、縦半分に切る。やわらかい尻側を下にすると、果肉がつぶれてしまう。

③ なり口側を手前に持ち、種を抜く。2と同様に果肉をつぶさないためのコツ。

④ なり口にかたい芯のような部分があるので、V字に切り込みを入れて取り除く。

⑤ ヘタ側も同様にして取り除く。

 ⑥  ⑦  ⑧

⑥ くし形に切る。

⑦ まな板に置き、ペティナイフを皮の上に端からさしこむ。パパイヤは動かさず、ペティナイフを動かして皮をむく。

⑧ 斜めに切り分ける。

パイナップルについて

ゴールデンパイン（デルモンテ）のみを使用。追熟をすませた状態で入荷しますが、味が安定するように思うので、1〜2日おいてから使っています。（森山さん）

 ① パイナップルをまな板の端に置き、ヘタをつかんでねじり取る。
 ② 端を切り落とす。
 ③ 尻側の端も切り落とす。
 ④ パイナップルをまな板に縦に置き、皮をむく。
 ⑤ 縦半分に切る。
 ⑥ 芯にV字に切り込みを入れ、芯を取りはずす。
 ⑦ 半分に切る。
 ⑧ 厚さ約1.5cmに切り分ける。

ドラゴンフルーツについて

ベトナム産を使っており、シーズンには国産のものも使います。追熟はしないので、なるべく早く使い切りましょう。（森山さん）

 ① ガクのような突起を切り取る。
 ② なり口を切り落とす。
 ③ ヘタ側も切り落とす。
 ④ 縦半分に切る。
 ⑤ さらに半分に切る。
 ⑥ 厚めに切る。

グラス コレクション ②

洋梨のパフェ

フルーツパーラーフクナガ（西村誠一郎）

果肉感を残す程度にさっと煮た洋ナシを凍らせてつくる自家製のシャーベットと、食べ頃を見きわめた香り高いラ・フランスを
盛りあわせ、洋ナシを思う存分楽しんでもらう。洋ナシの白とザクロの赤が生み出す鮮やかなコントラストが美しい。
洋ナシは収穫後、追熟させることで甘く、みずみずしくなるフルーツ。なんといっても食べ頃の見きわめが味わいの決め手となる。

洋梨といちごのパフェ

カフェコムサ 池袋西武店（加藤侑季）

洋ナシのとろりとした食感とイチゴのさわやかな味わいがよくあい、女性客にはとくに人気の高い組み合わせだ。
アイスクリームの乳脂肪分をふくむ味わいはこのパフェには重すぎるとして、洋ナシのシャーベットを使い、
すっきりとした味わいにまとめている。ソース類は使わず、シンプルにフルーツのおいしさをいかす仕立てに。

洋梨のパフェ
フルーツパーラーフクナガ（西村誠一郎）

ザクロ…適量

ホイップクリーム…適量
>>> フルーツには植物性の油脂が入っているクリームのほうがなじみがよいと、コンパウンドクリーム（乳脂肪分18%、植物性脂肪分27%）をチョイス。加糖は20%とし、10分立てにする。

洋ナシ
（ラ・フランス、縦4分割）…70g

洋ナシのシャーベット
（自家製・p.200）…40g

洋ナシ
（ラ・フランス、角切り）…50g

ミルクアイスクリーム
（市販）…40g
>>> 乳脂肪分3%、植物性脂肪分2%、無脂乳固形分8%のものを使用。さっぱりとした味わいで、フルーツの甘みや香りが引き立つ。

洋ナシのシャーベット
（自家製 p.200）…40g

〉〉〉盛りつけ

① 洋ナシのシャーベットとミルクアイスクリームを順に入れる。

② 角切りにした洋ナシをのせる。

③ アイススクープで洋ナシのシャーベットをすくい、洋ナシの上にのせる。

④ アイスディッシャーの背や手で軽く押さえて表面を平らにならす。

⑤ 4等分して皮を半分だけむいた洋ナシをグラスの手前をあけて、奥側にのせる。

⑥ ホイップクリームを5であけておいたところに絞り、その上にザクロを散らす。

洋ナシ（ラ・フランス）について

山形県産のラ・フランスのみを使います。山形ではラ・フランスは毎年10月20日前後に一斉収穫して、2〜4℃で冷温貯蔵された後に出荷されるんです。収穫後は甘みも水気もなくて、昔は"みたくもナシ"なんて呼ばれていたもんです。それが、いったん冷温で貯蔵してから常温に出すと熟成して甘みが出るってことがわかってきて、売れるようになった。貯蔵庫から出たら、冷蔵庫に入れていても追熟は進むから注意が必要です。

食べ頃は、軽く指ではじいたときに鈍くて重い音がして、持つとほんのりやわらかくて、肩（軸のまわり）のあたりに、あるかないかのシワが寄りはじめたくらい。高くてかたい音がするなら、まだ早い。「軸が簡単に動くくらいやわらかくなって、香りが出てきたら食べ頃」なんていう人がいるけど、それじゃ遅すぎる。ラ・フランスは食べ頃の見きわめが難しいんだけど、それだけに取り組み甲斐があるんです。(西村さん)

〉〉〉洋ナシ（ラ・フランス）のカッティング

①
縦4つ割りにする。

②
グラスの上にのせるものは軸が付いているひと切れを使う。芯を切り取り、尻側から半分ほど皮をむく。

③
グラスの中に入れる分は薄く皮をむいて芯を切り取り、一口大に切る。洋ナシは皮のすぐ下あたりがもっとも香りが強いので、皮はごく薄くむく。表面がでこぼこしているが、包丁の位置を固定し、洋ナシを動かすときれいにむける。

〉〉〉ザクロのカッティング

①
ペティナイフをやや斜めにさしこみ、ヘタのまわりに一周切り込みを入れる。ペティナイフの位置は固定し、ザクロを回して切るとよい。

②
ヘタをはずす。

③
皮の厚みの分だけペティナイフをさしこみ、縦にぐるりと一周切り込みを入れる。ペティナイフの位置は固定し、ザクロを回すと切りやすい。

④
ヘタ側を上にして手で持ち、半分に割る。

⑤
尻側のヘタのまわりにペティナイフをさしこみ、ヘタを切り取る。手で粒をはずす。

洋ナシの盛りつけのポイント

洋ナシは皮とヘタ付きのものを大ぶりに切ってのせています。フルーツそのもののおいしさをできるだけ手を加えずにストレートに味わっていただきたく、それでいて食べやすい形であるようにと考えた結果、この形になりました。ぱっと見てすぐ、洋ナシのパフェだとわかるデザインです。

洋ナシは軸が右にくるようにして、軸がグラスの縁から少しはみ出るようにしてのせます。そうするとまず右手で軸のついた方を持ち、軸と反対側を口に運ぶことになります。軸と反対側は洋ナシの一番甘い部分。もっともおいしい部分を一口目で味わってもらえるわけです。皮を残しているのは嗅覚でもラ・フランスのおいしさを楽しんでほしいから。果物の香りは皮と果肉の境目あたりが一番強い。手で持って口に運ぶと、皮が鼻に近づいて香りも味わえます。皮はむくものと思いこんでいる人が多いと思いますが、洋ナシには皮ごと食べるおいしさもあるんですよ。(西村さん)

洋梨といちごのパフェ
カフェコムサ 池袋西武店（加藤侑季）

ブルーベリー…1粒
洋ナシ（厚めのスライス）…40g

イチゴ（スライス）…4粒分
イチゴ（ハート形）…1粒分

生クリーム（乳脂肪分38%）…15g
>>> 0.5%加糖し、8分立てにする。

洋ナシのシャーベット…100g
洋ナシ（薄切り）…15g

生クリーム（上記）…10g

パイ生地…17g
スライスアーモンド（ロースト）…3g
>>> あわせておく。

洋ナシ（角切り）…15g

〉〉〉盛りつけ

① 角切りにした洋ナシを入れ、パイ生地とスライスアーモンドをくだきながら入れる。

② 生クリームをグラスにそって一周絞る。

③ 洋ナシのスライスをグラスの内側に斜めに貼り付ける。

④ シャーベットをアイススクープですくって詰める。

⑤ 生クリームをシャーベットの上にうずまき状に絞る。

⑥ ペティナイフですりきり、表面を平らにする。

⑦ スライスしたイチゴを1粒分、ずらしながら、グラスの中央から端に向かって弧を描くように並べる。

⑧ 7のイチゴによりかからせるように洋ナシのスライスを盛る。

⑨ これを4回繰り返し、グラスの上面を覆う。

⑩ ハート形にカットしたイチゴを1粒分のせ、ブルーベリーを飾る。

>>> 洋ナシのカッティング

❶ 細く切り出し、味見をする。熟していれば使う。

❷ 縦4つ割りにする。ヘタ側を手前にして手にのせ、ペティナイフを尻側からヘタ側に向かって動かして芯を切り落とす。

❸ 芯は断面がなだらかになるように切り落とすこと。

❹ 2と同様にヘタ側を手前にして手にのせ、尻側からヘタ側に向かってナイフをすーっとまっすぐにすべらせて皮をむく。

❺ 洋ナシのサイズが大きすぎてスライスがグラスからはみでそうなときは、ヘタ側を斜めに切り落として長さを調整する。

❻ 6等分にスライスする。

❼ 6のスライス1枚をさらに3〜4枚に薄くスライスし、グラスの内側に貼り付ける分にする。

>>> イチゴのカッティング

❶ ヘタを切り落とす。

❷ ヘタの下のかたい部分を包丁の先でくり抜く。

❸ ヘタ側を下にしてキッチンペーパーにのせ、4〜5等分にスライスする。

❹ 2の状態にしたイチゴのヘタのまわりをV字形に切り落とす。

❺ V字形を残して半分に切る。切る場所がずれると、きれいなハート形にならないので注意する。

105

パルフェビジュー ポワール

パティスリィ アサコ イワヤナギ（岩柳麻子）

洋ナシをねっとりとしてコクのある状態に追熟させ、チョコレートとあわせた秋らしい濃厚な組み合わせ。
洋ナシは生、ジェラート、ブランマンジェ、コンポート、ジュレに展開。
さまざまな食感で、洋ナシの魅力を強調している。

大人の栗と洋梨のパフェ

ホテル インターコンチネンタル 東京ベイ ニューヨークラウンジ
(德永純司)

旬を同じくするクリと洋ナシを組み合わせた、秋らしい仕立てのパフェ。
ラムレーズン、キャラメル、ヘーゼルナッツといった濃厚な味わいの要素をプラスすることで、より落ち着いた味わいに。
深まりゆく秋のイメージを美しくグラスに盛り込んでいる。

パルフェ ビジュー ポワール
パティスリィ アサコ イワヤナギ（岩柳麻子）

- ◎チョコレートのプレート…適量
- 洋ナシ…50g
- ◎洋ナシのジェラート…50g
- ◎チョコレートのジェラート…50g
- パールクラッカー（ヴァローナ）…6g
- ◎洋ナシのジュレ…50g
- 洋ナシ…110g
- ◎洋ナシのブランマンジェ…40g
- ◎洋ナシのコンポート…40g
- レモンのジュレ（p.61）…40g
- ◎ブルーベリーソース…20g

>>> 盛りつけ

① グラスの底にブルーベリーソースを入れる。

② レモンのジュレを入れる。

③ 洋ナシのコンポートを中央をあけて端を重ねながら並べ入れる。

④ 3であけておいた中央に洋ナシのブランマンジェを入れる。

⑤ 洋ナシ、洋ナシのジュレを順に重ねる。

⑥ パールクラッカーを散らす。

⑦ チョコレートのジェラートと洋ナシのジェラートを1スクープずつ入れる。

⑧ 洋ナシを飾る。

⑨ チョコパーツを割り、飾る。

◎チョコレートのプレート
1 ミルクチョコレート（カカオ分58％・「ミ アメール（カカオバリー）」）をテンパリングし、混ぜると筋が残るくらいに温度が下がるまで常温におく。
2 天板にOPPシートを敷き、チョコレートをパレットナイフで薄くのばす。温度を下げてからのばすと、のばした跡がつき、表情が出る。
3 粗熱がとれるまで常温におき、大まかに折って冷蔵庫で保存する。

◎洋ナシのジェラート
1 洋ナシは皮と種を取り除き、食品用漂白剤を600倍に希釈した殺菌水に30分以上つけてから水洗いし、ブレンダーでピュレ状にする。
2 ブレンダーに1の洋ナシ1.1kg、水500g、アガベシロップ400g、レモン果汁22g、安定剤（「シャーベットベース」コンプリタール社）4gを入れ、なめらかになるまで回す。
3 アイスクリームマシーンに18〜20分かける。

◎チョコレートのジェラート
1 ミルクチョコレート（カカオ分58％・「ミ アメール（カカオバリー）」）300gを湯煎にかけて溶かす。
2 ミルクベース（p.12）1.5kgから約300gを取り分け、チョコレートと同じ温度に温め、1と混ぜる。
3 2とミルクベースの残りをブレンダーに入れ、なめらかになるまで回す。
4 アイスクリームマシンに18〜20分かける。

◎洋ナシのジュレ
1 洋ナシのコンポート（右記）の煮汁を鍋に漉し入れ、火にかけてゼラチンが溶ける温度まで温める。
2 氷水でふやかしておいた板ゼラチンを1に加えて溶かし混ぜる。保存容器に移して常温におき、粗熱がとれたら冷蔵庫に入れて冷やしかためる。

◎洋ナシのブランマンジェ
1 鍋に洋ナシのピュレ（ラ・フルティエール・ジャポン）630g、生クリーム（乳脂肪分38％）1050g、牛乳400g、グラニュー糖200g、トレハロース50gを入れて混ぜ、火にかけて温める。
2 50〜60℃になったら、氷水でふやかしておいた板ゼラチン18gを加えて溶かす。
3 保存容器に移して常温におき、粗熱がとれたら冷蔵庫に入れて冷やしかためる。

◎洋ナシのコンポート
1 洋ナシ2〜3個を半割りにして皮をむき、くり抜き器で種を取り除く。洋ナシは生を使うが、おいしいものが手に入らない場合は缶詰を使ったほうがよい。
2 鍋に、白ワイン300g、水300g、グラニュー糖180gを入れて混ぜ、ひと煮立ちさせる。1を入れて再沸騰させ、弱火にして15分ほど煮る。表面をラップフィルムでぴったりと覆い、冷蔵庫に一晩おき、中まで味をしみこませる。

◎ブルーベリーソース
1 鍋に、ブルーベリーのピュレ（ラ・フルティエール・ジャポン）1kg、ブルーベリー（冷凍・ホール）1.1kg、トレハロース700g、水アメ240g、グラニュー糖240gを入れて混ぜ、ひと煮立ちさせる。

パフェとドリンクペアリング

パフェはドリンクとのセットで提供。ここであわせたのはイタリア産デザートワイン。とろりとした舌ざわりでしっかりとした甘みがあり、洋ナシの味わいによくあう。

大人の栗と洋梨のパフェ
ホテル インターコンチネンタル 東京ベイ ニューヨークラウンジ（徳永純司）

- 金箔…適量
- 粉糖…適量
- ◎カダイフの飾り…5g
- 蒸しグリ（「マロンエトフェ ホール（サバトン）」）…適量
- ◎ムラング・ノワゼット…12g
- ◎和グリのクリーム…45g
- ◎洋ナシのキャラメリゼ…45g
- ◎生クリーム（8分立て）…15g
- ◎グラス・ラムレーズン…60g
- ◎生クリーム（8分立て）…5g
- ◎ジュレ・ポワール…20g
- ◎ソース・キャラメル…10g

》》》 盛りつけ

① 先を細く切った絞り袋にソース・キャラメルを入れ、グラスの内側全体に線を描くようにして絞る。

② ジュレ・ポワールを入れ、生クリームを絞る。

③ グラス・ラムレーズンを2スクープのせる。

④ 生クリームを中央に4〜5周絞る（星口金：8切り10番）。

⑤ 洋ナシのキャラメリゼをアイスクリームとグラスの間に入れる。

⑥ 和グリのクリームを4で絞った生クリームを覆うようにして絞り出す（モンブラン口金）。

⑦ ムラング・ノワゼットを放射状に飾る。

⑧ 上から見るとこのような状態。

⑨ 蒸しグリを和グリのクリームの脇に飾る。

⑩ カダイフの飾りを和グリのクリームの上にのせる。粉糖をふり、金箔を飾る。

◎カダイフの飾り

1 ボウルにパート・カダイフ*50gを入れ、軽くほぐす。

2 粉糖5gをふり、指先でカダイフをほぐすようにして粉糖を全体にまぶす。

3 溶かしバター5gを注ぎ入れ、手で全体にからめる。

4 直径5cmの半球シリコン型に3をふんわりと詰める。170℃のオーブンで15分焼く。

◎ムラング・ノワゼット

1 ミキサーボウルにグラニュー糖80gのうち約1/3量と卵白100gを入れ、高速のホイッパーで泡立てる。ふんわりとしてきたらグラニュー糖をさらに1/3量加えて泡立てる。グラニュー糖が全体にまわったら、残りの1/3量を加え、ツノがピンと立つまでしっかりと泡立てる。

2 粉糖80gとヘーゼルナッツパウダー50gを順に加え、そのつどゴムベラで気泡をつぶさないように気をつけてさっくりと切り混ぜる。

3 口径6mmの丸口金を付けた絞り袋に入れ、オーブンペーパーを敷いた天板に長く絞り出す。90℃のオーブンで2時間、乾燥焼きする。使うときに飾りやすい長さに折る。

◎和栗のクリーム

1 和栗ペースト800g、水アメ120g、バター120gをゴムベラで混ぜてなめらかでダマがない状態にする。

◎洋梨のキャラメリゼ

1 洋ナシは皮と種を取り除き、1cm角に切る（正味100gを使用）。

2 グラニュー糖20gを鍋に入れて火にかけ、キャラメル状になるまで焦がす。1をバニラビーンズ1/5本とともに加え、さっとソテーする。

3 洋ナシのブランデー5gを加え、フランベする。

◎生クリーム

1 ボウルに生クリーム（乳脂肪分40%）200g、グラニュー糖16g、バニラエキストラクト2gを入れ、8分立てにする。

◎グラス・ラムレーズン

1 レーズン50gはラム（「ネグリタ」ダーク）30gに漬け、1週間以上おく。

2 「さくらんぼのパフェ」の「グラス・ピスターシュ」のつくり方（p.80）を参考に、ソース・アングレーズをつくる。分量は生クリーム（乳脂肪分35%）100g、牛乳500g、卵黄100g、グラニュー糖120g。

3 2をアイスクリームマシンに10分ほどかけてアイスクリームにする。1の汁気をきって混ぜ合わせる。

◎ジュレ・ポワール

1 鍋にグラニュー糖25gを入れて火にかける。ほどよく焦げたら、常温にもどした洋ナシのピュレ（「冷凍ピューレ ポワール」ポワロン）215gを加え混ぜる。

2 グラニュー糖8gとLMペクチン2gを混ぜ合わせ、1の鍋に加える。

3 沸騰したら火からおろし、板ゼラチン3gを氷水でもどしたもの、洋ナシのブランデー4g、レモン果汁10gを加え混ぜる。

4 深めのバットに移し、冷蔵庫で冷やしかためる。

◎ソース・キャラメル

1 鍋に生クリーム（乳脂肪分35%）170gと水アメ65gを入れて火にかける。

2 別の鍋にグラニュー糖100gを入れて火にかける。

3 2が好みの焦げ具合になったら、沸いた1を加え混ぜる。ひと煮立ちしたら、氷水をあてて冷ます。

栗のパフェ

ノイエ（菅原尚也）

「あんこみたいに重いところが好きじゃない」という栗を、すっきりと食べさせることはできないだろうか、というところから発想。
オレンジのリキュールであるグランマルニエをゼリーやクリームにきかせ、グランマルニエそのものもかける。
仕上げには柑橘の皮のすりおろしをふり、さわやかなマロンパフェに。

和栗と赤スグリ

パティスリー ビヤンネートル（馬場麻衣子）

旬の時期にしか味わえない国産のクリで自家製したクリーム、シロップ漬け、ジェラートが主役。ほっくり、こっくりとしたクリの味わいを引き立てるため、酸味の強いスグリをあわせている。さらに栗によくあうこうばしい香りのほうじ茶を使ったジュレ、クリの甘みを際立たせる甘くてさわやかなアニスの香りのブランマンジェを底に入れ、さまざまな味わいの調和を楽しめる構成に。

栗のパフェ
ノイエ（菅原尚也）

オレンジの皮のすりおろし…適量
◎ドライフルーツの洋酒漬け…適量
マロングラッセ（サバトン）…適量

◎アーモンドメレンゲ…適量

岩塩のクランブル（p.167）…適量
◎ホワイトチョコのジェラート…40g

◎マロンクリーム…40g＋30g

◎グランマルニエ風味の
マスカルポーネ…35g

◎ドライフルーツの洋酒漬け…10g
◎マスカルポーネの
ムースアイス…70g
グランマルニエ…少量

岩塩のクランブル（p.167）…少量
◎グランマルニエのゼリー…50g

〉〉〉盛りつけ

① グランマルニエのゼリーをスプーンでくずし入れる。

② 岩塩のクランブルをふり、グランマルニエをかける。

③ ドライフルーツの洋酒漬けをのせる。

④ マスカルポーネのムースアイスをスプーンでけずるようにしてすくい、3の上に重ねる。

⑤ グランマルニエ風味のマスカルポーネクリームを重ね、すりきって表面をならす。

⑥ 岩塩のクランブルをふる。

⑦ マロンクリームをグラスの端に寄せて何周か絞り出す（星口金・8切り6番）。

⑧ ホワイトチョコのジェラートをスプーンでけずるようにすくい、マロンクリームの脇に重ねる。

⑨ 7で絞ったマロンクリームの上にさらにマロンクリームを絞る。

⑩ アーモンドメレンゲを割り、ところどころに盛る。岩塩のクランブルをふる。

◎ドライフルーツの洋酒漬け
1 好みのドライフルーツをホワイトラムかブランデーに1晩以上漬ける。

◎アーモンドメレンゲ
1 ミキサーボウルに卵白110gとグラニュー糖110gを入れて泡立て、メレンゲをつくる。
2 アーモンドパウダー80gと粉糖40gをあわせてふるい、1に加えてさっくりと切り混ぜる。
3 天板に絞り出し、120℃のオーブンで3時間乾燥焼きする。電源を切り、そのまま冷めるまで入れておく。

◎ホワイトチョコのジェラート
1 ホワイトチョコレート150gを湯煎にかけてとかし、シロップ150g、生クリーム（乳脂肪分38％）300g、牛乳100g、キャトルエピス少量を加え混ぜる。
2 アイスクリームマシンにかける。

◎マロンクリーム
1 和グリ適量をゆで、鬼皮と渋皮をむいて粗くだく。
2 ミキサーボウルにマロンペースト（サバトン）500gと常温においてやわらかくしたバター100gを入れ、低速のビーターで混ぜる。シロップ、リキュール（ラムなど）各適量、生クリーム（乳脂肪分38％）300g以上を順に加え混ぜる。生クリームの量は味とやわらかさをみて調整する。
3 岩塩で味をととのえ、1の和グリを混ぜる。

◎グランマルニエ風味のマスカルポーネ
1 マスカルポーネ500gと粉糖120gを混ぜ、生クリームを少量ずつ加え混ぜる。グランマルニエ適量を加え、9分立てに泡立てる。

◎マスカルポーネのムースアイス
1 ミキサーボウルにマスカルポーネ500gとシロップ450gを入れてホイッパーで混ぜる。
2 生クリーム（乳脂肪分38％）400g、ホワイトラム適量、レモン汁30gを順に加え混ぜる。
3 アイスクリームマシンにかける。

◎グランマルニエのゼリー
1 鍋に水1kg、グラニュー糖100〜200g、白ワイン適量、オレンジの果肉と皮各適量を入れて温める。
2 板ゼラチン18gを氷水でもどしておき、1に加えてとかし混ぜる。
3 火を止め、グランマルニエを加える。氷水にあてて粗熱をとり、冷蔵庫で冷やしかためる。

マロングラッセを粗くだき、シロップごとかける。

ドライフルーツの洋酒漬けを盛る。

オレンジの皮をおろしかける。

和栗と赤スグリ

パティスリー ビヤンネートル（馬場麻衣子）

粉糖…適量
◎シュースティック（解説省略）…適量

◎生クリーム（7分立て）…30g

◎クレーム・マロン…30g

シュトロイゼル（p.15）…15g
◎和栗のシロップ漬け…2粒

◎赤スグリのソルベ…40g
赤スグリ…2粒

ヌガティーヌ（p.15）…5g
ジェノワーズ生地（解説省略）
…厚さ5mm・直径3.5cmを1切れ

赤スグリ…1粒
◎和栗のシロップ漬け…2粒
フランボワーズ（半割り）…2切れ
◎和栗のジェラート（p.183）…70g

◎ブランマンジェ・アニス（p.183）…20g

◎ジュレ・ほうじ茶（p.183）…50g

>>> 盛りつけ

① ジュレ・ほうじ茶をスプーンですくい、グラスの右半分に入れる。左半分には同様にしてブランマンジェ・アニスを入れる。

② アイススクープで和栗のジェラートをすくい、グラスに入れる。

③ ジェラートとグラスの間に和栗のシロップ漬けを入れる。

④ フランボワーズを同様にして入れる。

⑤ 赤スグリも同様にして入れる。

⑥ ジェラートにジェノワーズ生地をのせる。

⑦ ジェノワーズ生地にヌガティーヌをのせる。

⑧ ヌガティーヌの上に赤スグリをのせる。

⑨ ヌガティーヌの上にアイススクープですくった赤スグリのソルベをのせる。

⑩ ソルベとグラスの間に和栗のシロップ漬けを入れる。

◎シュースティック

1 鍋に牛乳108g、水27g、バター68g、洗双糖4g、塩1.8gを入れて沸かす。
2 火を止めて、ふるった薄力粉81gを一気に加える。ダマができないよう、泡立て器でしっかりと撹拌する。
3 ひとまとまりになったら中火にかけ、木ベラで1～2回混ぜる。生地が底からはがれるようになるので、すぐに火からおろす。
4 ミキサーボウルに移し、ビーターの中速で撹拌する。粗熱がとれたら、ビーターを回したまま、溶いた全卵68gを少しずつ加える。生地をすくって落とすと、三角形の形にたれるかたさになったら、卵を加えるのをやめる。
5 ビニールの絞り袋に入れ、先をごく細く切る。シルパットを敷いた天板に細長く絞り出し、220℃のオーブンで5分間焼く（ダンパーは開ける）。

◎生クリーム

1 乳脂肪分41％のもの420gと35％のもの180gをあわせ、洗双糖36gを加える。7分立てにする。生クリームは「かたく泡立てると口の中に油分が残り、くどく感じられる」（馬場さん）として、形を保てるギリギリのゆるさにしている。

◎クレーム・マロン

1 ボウルに生クリーム（乳脂肪分41％）40gを入れ、常温においてポマード状にしたバター12g、水アメ24gを順に加え混ぜる。
2 洗双糖10gとほうじ茶パウダー（幸之茶屋）3gは混ぜ合わせておく。
3 和栗ペースト（加糖、愛媛県産）250gに1と2を順に加え、混ぜる。

◎和栗のシロップ漬け

1 和グリ（愛媛県産）は鬼皮つきのままたっぷりの水とともに鍋に入れ、火にかけて沸かす。50分ほど中火でゆでる。
2 1の鬼皮をむき、ボーメ30度のシロップにつけて冷凍する。解凍し、半分に切ってみて、渋皮から1～2mmのところまで濃い色がついているかができあがりの目安だが、食べてみておいしければそうでなくてもよい。「冷凍するとシロップの浸透が早まる」（馬場さん）。

◎赤スグリのソルベ（できあがり約2ℓ）

1 鍋に赤スグリ（グロゼイユ）のピュレ（ボワロン）790g、水800g、洗双糖390g、ブドウ糖100g、ハチミツ20g、レモン汁20g、安定剤（ヴィドフィックス）5gを入れる。火にかけて温めながら混ぜ、75℃以上になったら温度を保ったまま1分加熱する。
2 氷水にあてて混ぜ、粗熱をとる。ジェラートマシンに5分ほどかける。

⑪ シュトロイゼルをソルベの上や、ソルベとグラスの間にちらす。

⑫ グラスの縁から出ているパーツを覆うようにクレーム・マロンを絞る（モンブラン口金）。

⑬ クレーム・マロンの上に生クリームを絞る（口径12mmの丸口金）。

⑭ シュースティックを飾る。

⑮ 粉糖をふる。

カシスマロンパフェ

アステリスク（和泉光一）

人気のプチ・ガトー「モンブラン クレメ」に使っているマロンクリームをたっぷりと絞り、
酸味のきいたカシスソースをかけたパフェ。アイスクリーム2種を選んで注文するスタイル。
ここでは、マロンクリームのおいしさを存分に堪能できるヴァニラとチョコレートを組み合わせた。

パーフェクト・マロン

パティスリー & カフェ デリーモ（江口和明）

クリのペーストのアイスクリーム、渋皮入りのアイスクリーム、渋皮煮、マロングラッセ、
マロンクリームを盛り合わせ、クリの味わいを「パーフェクト」に味わえるひと品に。

カシスマロンパフェ
アステリスク（和泉光一）

- 粉糖…適量
- ◎ナッツ入りのムラング…6g
- ◎フイユタージュ…12g
- ◎カシスソース…10g
- ◎マロンクリーム…50g
- ◎生クリーム（9分立て）…30g
- 栗の渋皮煮（市販・4分割）…2個分
- ◎シュトロイゼル…25g
- ◎グラス・ショコラ…50g
- ◎グラス・ヴァニーユ…50g
- ◎生クリーム（9分立て）…10g
- ◎シュトロイゼル…8g
- 栗の砂糖煮（「カスタニエ 30」マルヤ社）…2粒
- ◎カシスソース…20g

>>> 盛りつけ

① グラスにカシスソースを入れる。

② 栗の砂糖煮とシュトロイゼルを順に入れる。

③ グラスの片側に生クリームをスプーンですくい入れる。

④ 生クリームの上にグラス・ヴァニーユを1スクープ入れ、軽く押さえる。

⑤ グラス・ヴァニーユのとなりにグラス・ショコラを1スクープ入れ、軽く押さえる。

⑥ アイスクリームのすき間にシュトロイゼルを落とし込む。

⑦ 栗の渋皮煮をグラスの縁にそって盛る。

⑧ 生クリームを絞る（星口金・10切り15番）。

⑨ 生クリームを覆うように、マロンクリームを絞る（モンブラン口金）。

⑩ カシスソースをかけ、フイユタージュとナッツ入りムラングをクリームに立てかけるように盛る。粉糖をふる。

◎ナッツ入りのムラング（50～60個分）

1 ミキサーボウルによく冷やした卵白246g、乾燥卵白16.4g、グラニュー糖136g、グラニュー糖を入れ、高速で10分立てにする。

2 アーモンドダイス136gと粉糖191gを加え、ゴムベラで泡をつぶさないよう手早くさっくりと混ぜる。

3 直径0.8cmの丸口金をつけた絞り袋に入れ、細長い雲形に絞り出す。120℃のオーブンで2時間半焼き、オーブンの電源を落としてそのまま乾かす。

◎フイユタージュ

1 フイユタージュの二番生地（余り生地をまとめたもの）を焼き、適宜カットして使用。一番生地よりも歯ごたえがあり、パフェにクリスピーな食感が加わる。

◎カシスソース（1人分）

1 カシスのピュレ20g、カシス（冷凍・ホール）10g、シロップ3gを合わせ、ハンドミキサーで撹拌してソルベ状にする。冷凍のカシスを使い、オーダーが入るたびにつくることで、提供時にほどよく溶けて冷たいソース状になる。

◎マロンクリーム

1 ミキサーボウルにマロンペースト540g、バター90g、牛乳14.5g、塩0.1gを入れ、高速で撹拌してふんわりと空気を含んだ状態にする。おいておくと香りがとんでしまうので、こまめにつくる。

◎生クリーム（約27人分）

1 乳脂肪分45%のもの600g、乳脂肪分47%のもの200g、乳脂肪分40%のもの200g、脱脂濃縮乳10g、グラニュー糖70g、バニラエッセンス1gを合わせて泡立てる。

◎シュトロイゼル（店の仕込み量）

1 ミキサーボウルに、よく冷やしたバター800g、粉糖800g、アーモンドプードル（皮なし）800g、薄力粉800gを入れ、細かな砂状になるまで低速で混ぜる（サブラージュ）。この状態で冷凍保存可。

2 シルパットを敷いた天板に広げ、150℃で20～30分じっくりと香ばしく焼き上げる。

◎グラス・ショコラ

1 鍋に牛乳972gと生クリーム（乳脂肪分35%）234gを入れて沸騰させ、転化糖（トリモリン）102g、グラニュー糖234g、脱脂粉乳36g、安定剤（ビドフィックス）7.4gを加えて混ぜる。

2 ダークチョコレート（カカオ分55%）202gを加えて溶かし混ぜる。グラス・ヴァニーユ（下記）の**4**～**5**と同様にする。

◎グラス・ヴァニーユ

1 鍋に牛乳1101g、バター108g、水アメ65gを入れる。バニラビーンズ1本をさいて種をこそげ、さやと種を鍋に加えて火にかけ、温める。

2 ボウルに卵黄146g、グラニュー糖231g、脱脂粉乳92g、安定剤（ビドフィックス）3.5gを入れて、すり混ぜる。

3 **1**が沸騰したら**2**を加えて混ぜ、泡立て器で混ぜながら82℃まで熱する。

4 氷水にあてて急冷し、一晩冷蔵庫でやすませる（粘性が高まり、まとまりやすくなる）。

5 アイスクリームマシンにかける。まとまりが出て、それ以上空気を抱き込まない状態になったら取り出して冷凍庫で保存する。

パーフェクト・マロン
パティスリー ＆ カフェ デリーモ（江口和明）

◎チョコパーツ…適量

マロングラッセ
（「マロンインシロップ ホール」アンベール）…15g

◎マロンクリーム…20g

渋皮マロンアイス（市販）*1…約50g

ショコラクリーム（p.217）…60g

リッチマロンアイス（市販）*2…約50g

栗の渋皮煮（市販・粗くくだく）…80g
カシス（冷凍・ホール）…適量
栗の渋皮煮（市販・粗くくだく）…約40g

フィヤンティーヌ
（「ロイヤルティーヌ（DGF）」・細かくくだく）
…10g

◎カシスソース…20g

＊1：栗の渋皮煮を混ぜ込んだアイスクリーム。渋皮の苦みの感じられるもの。
＊2：クリのペースト（渋皮なし）をベースとした甘みの強いもの。

◎56％ショコラソース…適量
（別添え）

〉〉〉盛りつけ

①	②	③	④	⑤

グラスにカシスソースを入れる。	フィヤンティーヌを入れる。	栗の渋皮煮を入れる。	カシスを冷凍の状態のまま入れる。	栗の渋皮煮を再度入れる。

◎チョコパーツ

1 チョコレート2種（「ショコラ ノワール 56% ガーナ（アールスト）」、「マランタ 61%（ルカ カカオ）」を使用）を1：1で合わせて溶かす。そこに同量のダークチョコレート（カカオ分 70%・「アカリグア（ヴェイス）」）を加えて溶かす。テンパリングして、OPPシートに薄く流してかためる。かたまったらシートをはがし、手で割る。

◎マロンクリーム

1 和グリのペースト（市販）100g、マロンペースト（「マロンクリーム」コルシグリア）100g、クレーム・パティシエール（解説省略）600gをあわせ、なめらかになるまで卓上ミキサーの低速で混ぜ合わせる。

◎カシスソース

1 鍋にカシス（冷凍・ホール）500g、トレハロース 125g、レモン果汁 32gを入れ、冷蔵庫に一晩おく。翌日、火にかけてひと煮たちさせる。冷ましてから使う。

◎ 56% ショコラソース

1 鍋に生クリーム（乳脂肪分35%）200g、水 200g、グラニュー糖 50g、ココア 50gを入れて沸かす。ダークチョコレート（カカオ分66%・「デリーモオリジナルビターチョコレート」）166gを加えて混ぜる。提供時、ピッチャーに注いで700Wの電子レンジで5秒ほど温めて添える。

⑥ リッチマロンアイスを1スクープのせ、アイスクリームディッシャーで軽く押さえる。

⑦ ショコラクリームをグラスの縁の高さまで絞る（口金なし）。

⑧ 渋皮マロンアイスを1スクープのせる。

⑨ マロンクリームをアイスクリームの半分を覆うように、2～3往復絞る（モンブラン口金）。

⑩ マロンクリームの脇にマロングラッセを飾り、チョコパーツをアイスクリームにさす。

メロンのパフェ

フルーツパーラーフクナガ（西村誠一郎）

自家製シャーベットには、贈答用にも使われる等級の静岡県産クラウンメロンだけを使用。
香りと甘みが凝縮されたワタの部分もあまさず使うことで、メロンのおいしさを丸ごと味わわせる。
シャーベットに加えて果肉とバニラアイスを盛りあわせるシンプルな構成で、メロンそのもののおいしさが際立つ。

静岡県産マスクメロンのパフェ

タカノフルーツパーラー（森山登美男、山形由香理）

1本の木から1個のメロンだけを育てる静岡県産の香り高いマスクメロンをふんだんに使った贅沢なパフェ。
マスクメロンの果肉、ジュース、シャーベットにソフトクリームとホイップクリームを組み合わせたシンプルな構成で、
メロンのおいしさをストレートに味わわせる。

メロンのパフェ

フルーツパーラーフクナガ（西村誠一郎）

- ピオーネ（花むき）…1粒
- ホイップクリーム…適量
  >>>「フルーツには植物性の油脂が入っているクリームのほうがなじみがよい」（西村さん）と、コンパウンドクリーム（乳脂肪分18％、植物性脂肪分27％）をチョイス。加糖は20％とし、10分立てにする。
- メロン（くし形切り）…30g
- メロンのシャーベット（自家製・P.199）…40g
- メロン（角切り）…40g
- ミルクアイスクリーム（市販）…40g
  >>> 乳脂肪分3％、植物性脂肪分2％、無脂乳固形分8％のものを使用。さっぱりとした味わいで、フルーツの甘みや香りが引き立つ。
- メロンのシャーベット（自家製・P.199）…40g

〉〉〉盛りつけ

①アイススクープでメロンのシャーベットをすくい、グラスに入れる。

②ミルクアイスクリームも入れる。

③角切りにしたメロンをのせる。

④アイススクープでメロンのシャーベットをすくってのせ、アイススクープで軽く押さえて表面を平らにならす。

⑤メロンをのせる。とがった方をシャーベットの上にのせ、反対側がグラスからはみ出るようにする。

⑥ホイップクリームをシャーベットの上に絞る（5切り・8番の星口金）。

⑦皮を花むきにしたピオーネを、ホイップクリームに立てかけるようにしてのせる。

メロンのパフェの盛りつけのポイント

メロンは下の方(つるがついているのと逆の端)が甘いんです。だからグラスの上にのせるメロンは、下側を使います。そして、下側の端が奥になるようにしてグラスにのせます。そうすると、手前のグラスからはみ出している部分を手で持つことになり、反対側、つまりもっとも甘い下側が一口目になります。最初の一口でメロンの一番おいしいところを味わってもらうことで、その味わいを強く印象づけることができます。

また、グラスの上にのせる分はあえて皮をむきません。果物の香りは皮と果肉の境目あたりにもっとも多く含まれます。手で持って口に運べば、皮が鼻に近づき、香りごと味わうことができます。それに、皮付きなら、皮のきわまで好きなだけ食べられるでしょう。(西村さん)

メロンについて

使っているのは静岡県産のクラウンメロン。網目が細かく、美しく、香りがよいものを選んでいます。追熟は常温で。尻側(つるがついているのと反対の方)を少し押してみて、指がいくらか入るように感じられるくらいに熟したものが食べ頃です。(西村さん)

〉〉〉 メロンのカッティング

① つる側の端を切り落とす。

② 縦半分に切り、種とワタを取り除く。

③ 半分に切ったものから、約1/6を切り出す(1/12個分)。

④ 斜めに包丁を入れて半分に切る。

⑤ 尻側の半分はグラスの上にのせるのでそのまま取り置く。つる側の半分は皮をむく。

⑥ 一口大に切る。

127

静岡県産マスクメロンのパフェ

タカノフルーツパーラー（森山登美男、山形由香理）

ミントの葉…適量

ホイップクリーム（8分立て）…適量
>>> 脂肪分が高すぎるとくどいので、生クリームと植物性クリームをブレンドしてさっぱりとした味わいにしている。加糖は控えめ。

マスクメロン、ピスタチオシュー、ホイップクリーム（上記）…適量
>>> 丸く抜いたマスクメロンにつるの形を模したピスタチオのシュー生地をさし、ホイップクリームを絞ってメロンの網目を表現（丸口金・1番）。

マスクメロン（皮付き2切れ、皮なし4切れ、丸く抜いたもの1個）…200g

メロンのシャーベット…80g
>>> マスクメロンをブレンダーでピュレ状にし、シロップを加え混ぜてアイスクリームマシーンでシャーベットにする。

ホイップクリーム（左記）…15g

マスクメロンのジュース…適量
>>> マスクメロンの果肉をブレンダーにかけてピュレ状にしたもの。

ソフトクリーム…100g
>>> フルーツと一緒に食べておいしい味になるようメーカーに特注しているもの。甘さも乳脂肪分も控えめであっさりとした味わい。

マスクメロン（角切り）…少量
マスクメロンのジュース（上記）…5〜10㎖

〉〉〉盛りつけ

① グラスの底にマスクメロンのジュースを入れ、角切りにしたマスクメロンをジュースの中に入れる。

② グラスの中央にソフトクリームを絞り入れる。

③ ソフトクリームのまわりにホイップクリームを絞る。

④ 中央にメロンシャーベットをのせ、シャーベットを囲うようにして皮をむいたマスクメロンを4切れ並べる。

⑤ 手前に皮付きのマスクメロン2切れを飾る。

⑥ 丸く抜いたマスクメロンをのせる。

⑦ 6のマスクメロンにホイップクリームで網目模様を絞り、シュー皮をさす。

⑧ ホイップクリームを絞り、ミントの葉を飾る。

⑨ 盛りつけを上から見るとこんな感じ。

マスクメロンについて

マスクメロンは追熟させて食べ頃になったものをパフェに使います。時期によって熟すスピードがちがい、夏は日持ちするように出荷されるため、追熟に時間がかかります。冬のもののほうが早く熟します。食べ頃の目安はヘタがしなっとした頃。まだかたいうちは指ではじくと高い音がしますが、熟れると音が低くなります。見きわめはとても繊細で感覚的なものなので、スタッフには食べ頃のものをさわらせて、食べさせ、おいしい頃あいを見分けられるよう経験を積ませます。（森山さん）

〉〉〉マスクメロンのカッティング①

① ヘタを落とす。

② 縦半分に切り、ワタの両端の果肉とつながっているところを切り離し、種を抜きやすくする。

③ 種を抜く。

④ 5等分に切る。

⑤ さらに5等分に切る。斜めに切ることで、放射状の美しい盛りつけになる。

〉〉〉マスクメロンのカッティング②

① メロンを動かさず、ペティナイフをすべらせるように動かして皮をむく。

② 斜めに4〜5等分に切る。

〉〉〉丸くくり抜く

① くり抜き器を果肉にあてる。

② くり抜き器をまわして果肉をくり抜く。

〉〉〉皮でつくる飾り

① 皮に残った果肉をそぎ切る。

② 端をななめに切る。

③ 中を切り抜く。

④ 両端を丸め、パフェにのせる。

129

マスクメロンパフェ

千疋屋総本店フルーツパーラー 日本橋本店（井上亜美）

高級マスクメロン「クラウンメロン」を1人分あたり約1/4個分とたっぷり使った贅沢なパフェ。
バニラアイスクリーム、メロンシャーベット、ホイップクリームをあわせ、ストレートにメロンのおいしさを楽しませる。
メロンを買うのにくらべると手ごろな価格で食べ頃の状態を味わえるとあって通年で人気がある。

パルフェ・オ・ムーラン

トシ・ヨロイヅカ 東京（鎧塚俊彦）

メロンのさわやかな味わいを生かすべく、ヨーグルトのまろやかな酸味とブルーベリーのさわやかな酸味を添えている。
アイスクリームはメロンのソルベに加え、さっぱりとしたミルクのアイスクリームを。
暑い夏に涼を呼びこむ一品。

マスクメロンパフェ

千疋屋総本店フルーツパーラー 日本橋本店（井上亜美）

- セルフイユ…適量
- ホイップクリーム…40g
  >>> 生クリーム（乳脂肪分47%）とコンパウンドクリーム（乳脂肪分18%・植物性脂肪27%）を半量ずつ混ぜ、9分立てにする。
- メロン（皮なし）…2切れ（1/12個分）
- メロン（皮付き）…3切れ（1/12個分）
- メロンシャーベット（自社製）…60g
- ホイップクリーム（左記）…10g
- バニラアイスクリーム…60g
- メロン（角切り）…1/12個分

〉〉〉盛りつけ

① 角切りにしたメロンを入れる。

② バニラアイスクリームを1スクープのせる。

③ アイスクリームとグラスの間を埋めるようにホイップクリームを絞る。

④ メロンシャーベットを1スクープのせる。

⑤ アイスクリームのまわりに、奥側に皮付きのメロン3切れを、手前に皮なしのメロン2切れを放射状に飾る。

⑥ アイスクリームの上にホイップクリームを絞る（星口金・8切り6番）。

⑦ ホイップクリームにセルフイユをのせる。

マスクメロンについて

クラウンメロンは1本の木に成る実のうち、もっとも優れた1玉を選んで育て、収穫しています。弊社には、専門検査員による肉質・糖度などについての厳しい品質確認に合格したものだけが入荷します。入荷後は食べ頃になるまで常温で追熟させます。食べ頃の目安は指ではじいてみると低くて鈍い音がするくらい。1日冷蔵庫に入れてから使います。(井上さん)

〉〉〉マスクメロンのカッティング

① 12等分に切り出したメロンを皮付きのまま斜めに3等分する。上に飾る皮付きのメロンとする。

② 12等分に切り出したメロンを皮を下にしてまな板に置き、包丁を動かして皮をむく。

③ 斜めに半分に切る。上に飾る皮なしのメロンとする。

④ 2と同様に皮をむいたメロンを一口大に切る。グラスの下に入れる分とする。

パルフェ・オ・ムーラン

トシ・ヨロイヅカ 東京(鎧塚俊彦)

- ◎キルシュの泡…適量
- ピスタチオ(生・みじん切り)…適量
- メロン(直径2.5cmに丸く抜く)…3個
- メロン…25g
- 生クリーム(乳脂肪分45%・無糖・8分立て)…60g
- ◎メロンシャーベット…25g
- ブルーベリー…6粒
- ◎ジェノワーズ生地…8g
- ◎ミルクのアイスクリーム…15g
- ◎ブルーベリーソース…15g
- ヨーグルト(水切りしたもの)*…10g
- コーンフレークとショコラブラン…8g

*:さらしを敷いたザルに数時間入れて水気をきる。

》》盛りつけ

① ホワイト・チョコレートを湯煎にかけて溶かし、きざんだコーンフレークを加えて混ぜる(コーンフレークとショコラブラン)。

② 1をグラスの底に入れる。

③ 水切りヨーグルトを入れ、表面を平らにならす。

④ ブルーベリーソースを入れ、ミルクのアイスクリームを1スクープのせる。

⑤ ジェノワーズ生地を手でちぎってのせ、アイスクリームを覆う。

◎キルシュの泡

1 キルシュ15g、シロップ100g、レモン汁2g、乳化剤（大豆レシチン）1gを混ぜる。
2 深さのあるバットに1を入れ、エアーポンプ*のチューブの先を液体に差しこみ、電源を入れて泡をつくる。
＊：熱帯魚などを飼育するために販売されているものを使用。

◎メロンシャーベット

1 メロンのピュレ200g、水130gを温める。グラニュー糖40gと安定剤（ヴィドフィックス）3gをすり混ぜたものを加える。
2 氷水にあてて粗熱をとり、リカール適量を加え、アイスクリームマシンにかける。

◎ジェノワーズ生地

1 抹茶とほうじ茶のパフェの「抹茶のジェノワーズ生地」（p.223）から抹茶を抜いてつくる。

◎ミルクのアイスクリーム

1 グラニュー糖40g、脱脂粉乳17g、安定剤（ヴィドフィックス）1.6gをすり混ぜる。
2 牛乳57g、脱脂濃縮乳200g、水アメ10gを人肌に温め、1とクレーム・ドゥーブル50gを加え混ぜる。氷水をあてながら混ぜて粗熱をとり、アイスクリームマシンにかける。

◎ブルーベリーソース

1 鍋にブルーベリー（生）100gとグラニュー糖40g、水20gを入れて火にかける。
2 ひと煮立ちしたらアクをすくい、弱火にしてとろみが出るまで炊く。途中、アクはこまめにすくう。

⑥ ブルーベリーを6個、等間隔に飾り、アイススクープですくったメロンのソルベをのせる。

⑦ 星口金（10切り・8番）を付けた絞り袋に生クリームを入れ、ブルーベリーの間に絞り出す。

⑧ メロンは16等分のくし形切りにして、半分に切る。皮が左にくるようにして、等間隔に3切れ飾る。

⑨ くし形に切ったメロンとメロンの間に生クリームを絞る。

⑩ 9で絞った生クリームの上に丸くくり抜いたメロンを1個ずつのせる。ピスタチオをふり、キルシュの泡をスプーンでのせる。

バナナチョコレートパフェ

千疋屋総本店フルーツパーラー 日本橋本店（井上亜美）

たっぷりのバナナとバナナアイスクリーム、チョコレートソースとチョコレートアイスクリームを盛りこんだ王道のパフェ。食べ頃ぴったりに熟成させた大ぶりなバナナの濃厚な味わいと、対照的にすっきりとした味わいに仕上げたバナナアイスクリームがクセになる味わい。底にはバナナチップスをしのばせ、食感に変化を出しつつ、最後までバナナを楽しませる。

いちごとバナナのチョコパフェ

フルーツパーラー ゴトー（後藤浩一）

バナナのクリーム色とイチゴの赤のコントラストが美しい、イチゴ入りのチョコレートバナナパフェ。
店主後藤さんの好みであるちょっとかためのバナナは、酸味がしっかりと感じられるさっぱりとした味わい。
イチゴの食感や酸味と甘みのバランスとも相性がよい。自家製バナナアイスクリームの素朴でしみじみとしたおいしさが後を引く。

バナナチョコレートパフェ
千疋屋総本店フルーツパーラー 日本橋本店（井上亜美）

- セルフイユ…適量
- ピスタチオ（くだく）…適量
- チョコレートソース…適量
- ホイップクリーム…40g
  >>> 生クリーム（乳脂肪分47％）とコンパウンドクリーム（乳脂肪分18％・植物性脂肪27％）を半量ずつ混ぜ、9分立てにする。加糖はひかえめ。
- バナナ（斜め切り）…6切れ
- バナナアイスクリーム（自社製）…60g
- ホイップクリーム（左記）…10g
- バニラアイスクリーム…60g
- チョコレートアイスクリーム（自社製）…60g
- チョコレートソース…適量
- バナナチップス（粗くくだく）…5枚分

>>> 盛りつけ

❶ 粗くくだいたバナナチップスを入れる。

❷ グラスを回しながら、チョコレートソースでグラスの内側に線を描く。

❸ チョコレートアイスクリームを1スクープのせる。

❹ バニラアイスクリームを1スクープのせる。

❺ バニラアイスクリームとグラスの間を埋めるようにホイップクリームを絞る。

❻ バナナアイスクリームを1スクープのせ、まわりにバナナを放射状に盛る。

❼ ホイップクリームを絞る（星口金・8切り6番）。

❽ ホイップクリームにチョコレートソースをかける。

❾ ピスタチオをふり、セルフイユを飾る。

バナナについて

エクアドル産とフィリピン産を時期によって使い分けています。青い状態で届くので、常温に何日かおいて追熟させます。シュガースポットと呼ばれる黒い点が出はじめたくらいが食べ頃です。(井上さん)

》》》バナナのカッティング

① 両端を切り落とす。

② バナナを手に持ち、包丁で皮に上から下まで縦に切りこみを2本入れる。

③ 切りこみを入れた部分の皮をむく。

④ 残りの皮もむく。

⑤ 厚さ1.5cmの斜め切りにする。両端は使わない。

盛りつけのポイント

バナナは断面が交互に内側と外側を向くようにして盛ります。やや斜めにかたむけるようにしてのせると、動きが出ます。(井上さん)

いちごとバナナのチョコパフェ

フルーツパーラー ゴトー（後藤浩一）

- チョコレートソース（ハーシーズ）…適量
- 生クリーム…適量
  >>> 乳脂肪分47％のもの240gと乳脂肪分42％のもの100gを合わせ、上白糖40g、バニラエッセンス数滴を加えて9分立てにする。
- サマーティアラ（縦半割り）…2粒分

- バナナ（厚さ2.5cmの斜め切り）…4切れ
- バナナのアイスクリーム（自家製・p.203）…50g
- イチゴジャム（自家製・p.38）…小さじ1
- バニラアイスクリーム（タカナシ乳業）…40g
- バナナ（角切り）…約1/4本分
- チョコレートソース（同上）…適量

》》》盛りつけ

① グラスの内側に線を描くようにチョコレートソースを流す。

② 角切りにしたバナナを入れる。

③ バニラアイスクリームを入れ、アイススクープで押さえて詰め、アイススクープで中央をへこませる。

④ イチゴジャムをアイスクリームの中央につくったへこみに入れる。

⑤ バナナのアイスクリームを1スクープのせる。

⑥ バナナをとがった方が内側にくるようにして等間隔に並べる。

⑦ バナナの間にイチゴを入れる。イチゴはもともと同じ実だったもの同士が向かい合わせになるように盛る。

⑧ バナナの高さから2cmほどはみ出るくらいまで生クリームを絞る（星口金・6切り口径6mm）。

⑨ チョコレートソースを生クリームにかける。

バナナについて

パフェに盛るバナナは一口が大きいほうがいいと思っているので、1房に4本ついている太くて大きいサイズのもの（左写真）を使います。1房に6本ほどついている細いもの（右写真）はアイスクリームの材料に。青めのものの味が好きなので、シュガースポットが出る前に使っています。新聞紙にくるんで冷蔵庫に入れると4〜5日は同じ状態をキープできます。（後藤さん）

〉〉〉バナナのカッティング

① 両端は大きめに切る。

② 残りは厚さ2〜3cmの斜め切りにする。

③ 2をずらし、端をそろえて並べ、4〜5切れ分の皮の端に一度に切り込みを入れる。

④ 切り込みから皮をむく。

⑤ 端は角切りにしてバナナパフェの底に入れたり、アイスクリームに使う。

サマーティアラについて

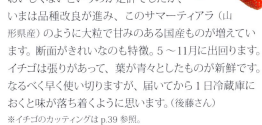

イチゴはその時々で手に入るものを使います。夏イチゴは酸っぱくてかたくておいしくないというのが定評でしたが、いまは品種改良が進み、このサマーティアラ（山形県産）のように大粒で甘みのある国産ものが増えています。断面がきれいなのも特徴。5〜11月に出回ります。イチゴは張りがあって、葉が青々としたものが新鮮です。なるべく早く使い切りますが、届いてから1日冷蔵庫におくと味が落ち着くように思います。（後藤さん）
※イチゴのカッティングはp.39参照。

盛りつけのポイント

バナナはとがった方の断面が内側になるようにして盛るとしゅっとしたデザインになります。イチゴは同じ実の片割れ同士を向かいあわせにすることで、左右対称の美しい形になります。また、断面は常に同じ方向をむくように並べます。（後藤さん）

カフェ中野屋が切りひらく
パフェの新天地とそのアイデア

東京・町田にあるうどんとパフェの店「カフェ中野屋」。
2004年の開店以来、店長の森 郁磨さんはひたすら真摯にパフェと向き合い続けてきた。
従来の概念を大きく飛び越えるクリエイションには、パフェを深化させるヒントが詰まっている。

旬の苺のロザス仕立て

頭に浮かんだデザインを具現化する

中野屋のパフェといえば、そのあまりにも美しい驚きのデザイン。頭に浮かんだフォルムをどのようにして現実にし、味わいの上でも必然性のあるものにするか。その戦いの末に生まれたパフェのうち、一部をご紹介する。

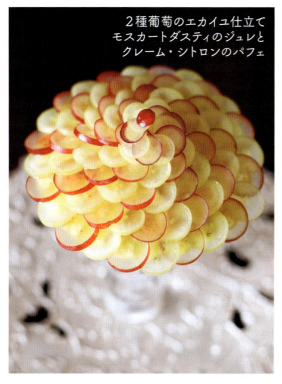

2種葡萄のエカイユ仕立て
モスカートダスティのジュレと
クレーム・シトロンのパフェ

ルビーポルト酒で
低温マリネしたりんごの
ブーケスタイルパフェ
カルバドスアイス

河内晩柑の軽いマリネ、揺蕩う(たゆたう)
ヴィネガーフラワーゼリーとクランブル入り、
レアチーズのパフェ

旬の苺のロザス仕立て
ごく薄く切ったイチゴをバラの花に見立てたデザイン。薄く切ることで表面積が広くなり、イチゴの甘みと香りがよりふくよかに感じられる。グラスの中には熱々のイチゴのリゾットを仕込み、温度差を楽しませる。盛りつけ→ P.146

2種葡萄のエカイユ仕立て
モスカートダスティのジュレと
クレーム・シトロンのパフェ
エカイユは薄切りにした素材をずらしながら盛りつけるフランス料理の手法。丸の連続性に惹かれ、パフェで再現を試みた。種なしで皮付きのまま食べられるブドウ2種をらせん状に並べ、光の透ける美しさを楽しませる。盛りつけ→ P.147

ルビーポルト酒で低温マリネしたりんごの
ブーケスタイルパフェ カルバドスアイス
リンゴで花束のようなパフェをつくりたい、と試行錯誤。コンポートにしたリンゴをごく薄切りにしてすばやく盛りつけるという手法にたどりついた。中にはリンゴのお酒、カルバドスを使ったアイスを。盛りつけ→ P.147

河内晩柑の軽いマリネ、揺蕩う(たゆたう)
ヴィネガーフラワーゼリーとクランブル入り、
レアチーズのパフェ
レアチーズのムースに日向夏アイスを埋め、小房に切り出した河内晩柑で表面を覆う。上には花びらをとじこめたゼリーをかぶせる。透けるオレンジ色とゆれるゼリーが美しい。盛りつけ→ P.147

伝統菓子をパフェに再構築する

フランスやイタリアの伝統菓子をモチーフにしつつ、日本ならではの要素を融合させるのがポイント。もとの菓子とはまったく異なる構成にしつつ、エッセンスを感じさせる。

苺とピスタチオムースのフレジエ風

スポンジ生地にイチゴとバタークリームをはさむフランス菓子「フレジエ」がテーマ。イチゴの高さにあわせてカットしたグラスを使い、イチゴの断面を美しく見せる。右は3段バージョン。香川県の郷土菓子「おいり」を飾り、和の素材で洋のかわいらしさを演出。盛りつけ→P.148

茨城県産紅はるかで作った干し芋餡とカシス お米のジェラートのモンテビアンコ パフェスタイルで

イタリアでは栗だが、日本でホクホクした素材といえばサツマイモ。ただのスイートポテトではつまらないと、干し芋を牛乳でもどして蒸し、白あんとあわせてペーストに。米を使ったジェラートの上に絞り出し、生クリームで覆う。盛りつけ→P.148

純米大吟醸のサヴァラン 福井県鯖江の酒粕のガナッシュとジェラート、京都宇治濃茶のソルベのパフェ

ラム酒入りのシロップを生地にたっぷりとふくませるサヴァランを日本酒で。酒粕のアイス、大吟醸酒と抹茶のシロップをしみこませたサヴァランを重ね、ヒノキの香りをつけた大吟醸酒のソルベをのせる。盛りつけ→P.148

日本の四季をテーマに

四季の風物をパフェに仕立てるのも中野屋の得意技。ひと目でそれとわかるデザイン、幼い日の記憶を刺激する味わい、遊び心あふれる仕立てで、お客の心をぐっとつかむ。

丹波の黒豆モンブラン、落日のパフェ仕立て きな粉と柚子の香り

黒豆のペーストで富士山を模し、抹茶のガトーショコラをちぎって樹海を表現。赤いマカロンの夕日が裾野を赤く染める。器の中は湖に見立て、ユズのソルベを湖に映る落日とした。

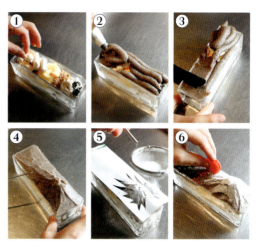

1 器にパンナコッタを敷き、上に黒豆きな粉アイス、ユズソルベ、ミルクジェラート、白玉を並べる。フィヤンティーヌをふり、きな粉のメレンゲを片端に積んで富士山の土台とする。 2 黒豆ペーストを絞る。 3 パレットナイフでペーストをならし、富士山の形に。 4 金串で筋を入れ、山肌を表現。 5 厚紙を星形に切り、4にあてて粉糖をふり、降雪に見立てる。 6 抹茶のジェノワーズをちぎり、富士山と反対の端に盛って樹海とし、赤いマカロンを裾野にさす。フリーズドライのフランボワーズをふって、夕日の光とする。

さつま芋と林檎、ラフロイグ（ウイスキー）のスモーキーな香りで「秋」の情景を表現したパフェ

燻製香のあるウイスキー「ラフロイグ」をきかせたムースにリンゴジャム、バニラアイスを重ね、土に見立てたガトーショコラで覆う。上にはサツマイモのペーストを紫イモのペーストで包み、サクラのチップで冷燻したミニサツマイモ（左上写真）を。枯れ枝を飾ったカゴをかぶせ、中にヒッコリーのチップのスモークを満たして客席へ（右上写真）。カゴを取ると煙がこぼれる（下写真）。

酒粕〝花垣〟のジェラートと梅のコンフィチュールとエルダーフラワーゼリー 焼道明寺と柚子の香りの紫陽花仕立てのパフェ

鎌倉の「あじさい寺」をイメージ。グラスの中には、ユズソルベ、パンナコッタ、カスタードクリーム、焼き道明寺、梅雨とかけた梅のコンフィチュールが。福井の日本酒「花垣」の酒粕でつくるジェラートをのせ、生クリームのムースで覆ったら、花の形に抜いたエルダーフラワーのゼリーを貼ってアジサイに見立てる。エルダーフラワーは花のエッセンス。濃度を変えると青と紫に色が変わる。

「旬の苺のロザス仕立て」イチゴのカッティングと盛りつけ

①
イチゴの中央を3枚スライスし、切り出す。均一な厚みに切ること。

②
1で切り出した3枚。これがもっとも外側の花弁になる。薄すぎるとだれるが、果肉がかたい場合は薄めに切る。

③
1の残りのイチゴをまな板に寝かせて置き、薄くそぐ。イチゴにはふれないこと。

④
同じイチゴごとにまとめて、大きさ順に並べる。切ったら離水していくので、すばやく切ること。

⑤
グラスのふちに生クリームのムースをぬる。グラスの中には、角切りのイチゴ、イチゴジャム、ブランマンジェ、クレーム・パティシエール、テュイル・ダンテルを重ねてある。

⑥
ムースの上に1〜2のイチゴを、ずらしながら1周並べる。

⑦
グラスのふちまでイチゴのリゾットを詰め、焼いたクレーム・ダマンドとカスタードクリームを重ねる。

⑧
バラのアイスクリームをのせ、軽く押さえる。

⑨
アイスクリームの上に一番小さいスライスを丸めて立て、バラの花芯に見立てる。

⑩
9のまわりにじょじょに大きいスライスを貼りつけていく。

⑪
バラの花が開く様子をイメージして、さらに大きいスライスを貼る。

⑫
アイスの上のバラが完成したら、アイスの側面にイチゴを1周貼る。小さめのイチゴの真ん中から切り出した、薄すぎないものを使う。

⑬
12で貼りつけたイチゴの間に、薄くスライスしたイチゴをさしこみ、端を指先で押して動きを出す。

⑭
花びらの自然な形が出るように、間にイチゴのスライスをさしこんだり、端をたわめたりして調整する。

⑮
レモンの皮をおろしかけ、金串の先でイチゴのスライスをさわり、最終の微調整をする。

146

「2種葡萄のエカイユ仕立て モスカートダスティのジュレとクレーム・シトロンのパフェ」の盛りつけ

① グラスの中は白ワインゼリー、パンナコッタ、クレーム・シトロンなど。自家製バニラアイスと焼いたクレーム・ダマンドを重ね、生クリームのムースをぬる。

② 生クリームのムースで完全に覆い、なだらかな山形にする。

③ グラスのふちに2種のブドウのスライスのもっとも中央に近い大きいスライスを交互に1周並べる。

④ 1周並べ終わったら、うずまき状に2周目も並べる。3で並べたよりも小さいサイズのスライスを使う。

⑤ さらに小さいスライスを同様に並べ、生クリームのムースを完全に覆う。最後の1枚は赤ブドウの端を使い、中央にくるようにする。

 「ルビーポルト酒で低温マリネしたりんごのブーケスタイルパフェ カルバドスアイス」リンゴの盛りつけ

① リンゴは半割にし、ポルト酒、グレナデンシロップ、シナモン、赤ワインなどで低温マリネし、ごく薄くスライスする。

② グラスにパンナコッタ、カスタードクリーム、フィヤンティーヌを重ね、カルヴァドスのアイスをのせ、1の煮汁を凍らせたグラニテをのせる。

③ 端の小さいスライスを2枚巻き、グラニテの中央にのせ、花芯に見立てる。そのまわりに少しずつずらしながら、リンゴのスライスを巻く。

④ スライスを円錐形に丸める。

⑤ 3の周りに4を三重にさす。そうして、3の周りをすきまなく囲う。

 「河内晩柑の軽いマリネ、揺蕩う（たゆたう）ヴィネガーフラワーゼリーとクランブル入り、レアチーズのパフェ」の盛りつけ

① グラスにレアチーズのムースを敷き、中央に日向夏のアイスクリームを埋めこむ。

② 河内晩柑の果肉で覆い、小さく切ったマンゴー、きざんだピスタチオ、晩柑のジュレと皮のコンフィをちらす。

③ 浅いバットに黄色く着色したゼリー液を流し、氷水にあてる。かたまったらセルクルで抜き、ラップフィルムの上に置く。花をちらす。

④ ラップフィルムごとグラスにのせ、ラップフィルムをそっとはがす。

⑤ 手のひらでおさえてゼリーと晩柑を密着させる。ゼリーは薄いとグラスに貼りついてしまい、厚いとたれない。3でちょうどよい厚みに調整すること。

「苺とピスタチオムースのフレジエ風」の盛りつけ

① グラスの内側にイチゴを断面を外側にして貼りつける。グラスを傾けてもイチゴが落ちないくらい、すき間なくぴったりと並べる。

② ピスタチオのムースをイチゴの間にぬりこむ。

③ カステラ、ダックワーズ生地、イチゴジャム、フィヤンティーヌ、イチゴソルベを重ね、ソルベをパレットナイフで平らにならす。

④ ピスタチオのムースをグラスのふちまでぴったりと詰める。

⑤ 粉糖で表面を覆う。マカロン、フランボワーズのフリーズドライ、エディブルフラワーを飾る。

「茨城県産紅はるかで作った干し芋餡とカシス お米のジェラートのモンテビアンコ パフェスタイルで」の盛りつけ

① グラスの内側に生クリームのムースをぬる。中央にカステラ、カスタードクリーム、カシスのジャム、お米のジェラートを重ねる。その周りに干し芋餡を絞る。

② 干し芋餡を絞って、ジェラートなどをすっかり覆う。パレットナイフで餡を軽くならす。

③ 生クリームのムースをぬる。

④ 3のムースを円錐形にならす。粉糖をたっぷりふる。

⑤ 4とグラスの間にメレンゲを飾る。フリーズドライのフランボワーズとピスタチオをちらす。

「純米大吟醸のサヴァラン 福井県鯖江の酒粕のガナッシュとジェラート、京都宇治濃茶のソルベのパフェ」の盛りつけ

① 酒粕のジェラートとガナッシュ、フィヤンティーヌ、濃茶のソルベ、日本酒と抹茶のシロップをしみこませたサヴァランを重ね、練乳のムースで覆う。

② グラスからやや盛り上がるように生クリームのムースをぬったら、粉糖をふる。

③ 直径1cmの半球形にかためた日本酒のゼリー2個に花形に抜いたスミレのリキュールのゼリーをはさんで球形にする。

④ 2の表面に半球形の日本酒のゼリーや3をのせる。

⑤ ヒノキの香りをつけた大吟醸酒のソルベをのせ、エディブルフラワーとスミレのリキュールのゼリーをのせる。

148

ちょっとめずらしいパフェ

カキ
柑橘
トマト
アンズ
プラム
リンゴ
和ナシ
スイカ

柿のパフェ

フルーツパーラーフクナガ（西村誠一郎）

佐渡島産のおけさ柿をとろとろになるまで追熟させてピュレ状にし、凍らせてシャーベットに。おけさ柿とは対照的に、サクサクとした歯ざわりが楽しい富有を組みあわせて1本のパフェとしている。完熟したおけさ柿はねっとりととろみが強く、濃厚な甘みがあり、まるで干し柿のような熟成感。さっぱりとした富有とのコントラストが楽しく、カキの味わいの幅広さを感じさせる構成だ。

甲州百匁柿のパフェ

フルーツパーラー ゴトー（後藤浩一）

甲州百匁柿は干し柿などに使われる渋柿の一種。上手に渋抜きして熟成させると、とろりとやわらかく、
濃厚な甘みとコクのある独特な味わいになる。このパフェは、とろとろのソース状、舌でつぶれるくらいのやわらかさ、
やわらかな歯ざわりが残る状態と、熟し具合のことなる3段階のものを一度に味わわせる仕立て。

柿のパフェ
フルーツパーラーフクナガ（西村誠一郎）

- ザクロ…適量
- ホイップクリーム…適量
  >>> フルーツには植物性の油脂が入っているクリームのほうがなじみがよいと、コンパウンドクリーム（乳脂肪分18％、植物性脂肪分27％）をチョイス。加糖は20％とし、10分立てにする。
- カキ（富有柿、皮とヘタ付きのくし形切り）…約1/4個分
- カキ（富有柿、皮をむいたくし形切り）…1/12個
- おけさ柿のシャーベット（自家製・p.200）…40g
- カキ（富有柿、一口大）…60g
- ミルクアイスクリーム…40g
  >>> 乳脂肪分3％、植物性脂肪分2％、無脂乳固形分8％のものを使用。さっぱりとした味わいで、フルーツの甘みや香りが引き立つ。
- おけさ柿のシャーベット（自家製・p.200）…55g

>>> 盛りつけ

① おけさ柿のシャーベットとミルクアイスクリームを1スクープずつグラスに入れる。

② 一口大に切ったカキをのせる。

③ おけさ柿のシャーベットをすくい、カキの上にのせる。

④ 手で軽く押さえて表面を平らにならす。

⑤ 皮とヘタ付きのカキを手前をあけてグラスの奥に置く。ホイップクリームを手前に絞る。

⑥ ホイップクリームの上にザクロを散らす。

カキ（富有柿）について

福岡県朝倉市産からはじまり、シーズンが進むと奈良県西吉野、和歌山県へと使うカキの産地が移り変わっていきます。ちなみに、シャーベットに使っているおけさ柿は渋柿で、富有は甘柿。このパフェは味わいや食感の違う2種のカキが味わえるパフェであると同時に、渋柿と甘柿を一度に味わえる構成でもあります。
（西村さん）

》》》カキのカッティング

① 縦4つ割りにする。

② 4つ割りにしたもののうち1切れから1/3くらいの大きさを切り出す。のこりの2/3は皮とヘタをつけたまま、一番上にのせる。

③ グラスの中に入れる用のものは皮をむく。カキは皮を下にしてまな板に置き、包丁を動かしてむく。皮のすぐ下あたりがもっとも香りが強いので、ごく薄くむくこと。

④ 3を一口大に切り分ける。

柿のパフェの盛りつけのポイント

洋ナシのパフェ（P.100）やメロンのパフェ（P.124）と同様に、グラスの上にはヘタと皮が付いたカキを大ぶりに切ってのせています。フルーツそのもののおいしさをできるだけ手を加えずにストレートに味わっていただきたく、それでいて食べやすい形であるようにとこの形になりました。ぱっと見てすぐ、カキのパフェだとわかるデザインです。

カキはヘタが右にくるようにしてグラスの上にのせます。そうするとまず右手でヘタを持ち、ヘタと反対側を口に運ぶことになるでしょう。ヘタと反対側はカキの一番甘い部分です。もっともおいしい部分を一口目で食べてもらうための盛りつけの工夫なんです。皮付きのままなのは嗅覚でもカキのおいしさを味わってほしいから。果物の香りは皮と果肉の境目あたりが一番強いんです。手で持って口に運ぶと、皮が鼻に近づいて、香りも一緒に味わえるんです。カキは皮をむいて食べるものと思っている人が多いと思いますが、皮ごと食べるおいしさもあるんですよ。（西村さん）

甲州百匁柿のパフェ
フルーツパーラー ゴトー（後藤浩一）

生クリーム…20g
>>> 乳脂肪分47％のもの240gと乳脂肪分42％のもの100gを合わせ、上白糖40g、バニラエッセンス数滴を加えて9分立てにする。

甲州百匁柿
（かため・12等分）…3切れ
甲州百匁柿
（やわらかめ・12等分）…3切れ
>>> なでると表面はやわらかいものの、芯にかたさが感じられるもの（かため）と、なでるとやわらかく感じられ、ほんのり透明感がでてきたもの（やわらかめ）を使う。これ以上やわらかくなったものはソースとして使う。

柿のアイスクリーム
（自家製・p.204）…50g

バニラアイスクリーム
（タカナシ乳業）…40g

甲州百匁柿のソース…15g
>>> 熟しきったとろとろの状態の甲州百匁柿を使う。

>>> 盛りつけ

① 熟しきった甲州百匁柿にスプーンをさしこむ。

② 果肉をすくい、グラスの底に入れる。

③ バニラアイスを入れ、アイススクープで押さえて詰める。

④ かための甲州百匁柿とやわらかめのものとを順に1切れずつ、放射状に盛る。

⑤ 並べ終わりを上から見たところ。

⑥ アイスクリームの上に生クリームを絞る（星口金・6切り口径6mm）。

甲州百匁柿について

日本各地で栽培されている大型の柿で、あんぽ柿やころ柿といった干し柿の材料になります。名前の由来は一大産地である甲州と、重さが百匁（375g）ほどもあるところから。百目柿と表記することも。うちでも山梨県産を使っています。不完全渋柿なので、渋抜きが必要です。熟すと果肉がとろりとやわらかくなり、濃厚な甘みとコクが感じられる格別な味わい。食べ頃が短く、渋抜きの過程でロスが出るのでコストが高くつきますが、手間をかけても販売し続けてきました。

11月頃に出回るので、酉の市が近づくと百匁柿のシーズン到来！と思います。店頭でも販売しており、昔から酉の市の帰りに寄って買ってくださるお客さまがいらっしゃいます。

いまでは青果店で見かけることが少なくなりましたが、このおいしさを伝えたくて、パフェとして出しています。うちのパフェの中でも、ぜひ食べていただきたいパフェTOP3に入ります。（後藤さん）

〉〉〉百目柿のカッティング

① ヘタを下にしてまな板に置き、縦半分に切る。
② 手で持ってヘタを割る。
③ ヘタのまわりをV字形に切り取る。
④ 1/12を切り出し、芯を切り落とす。
⑤ カキを手に持ち、包丁は動かさずに、カキを動かして皮をむく。

甲州百匁柿の渋抜き

柿にはタンニンが含まれ、水溶性タンニンを含むのが渋柿で、不水溶性タンニンを含むのが甘柿。渋抜きは渋柿の水溶性タンニンを不水溶性に変化させることで、炭酸ガス、アルコール、水中に浸けるなどさまざま方法がある。ここでは先代店主後藤節子さんに、焼酎を使った渋抜きの方法をご指導いただく。

① ヘタが長すぎる場合は短く切る。
② ダンボール箱の底に新聞紙を数枚敷きつめる。
③ 2の上に新聞紙を2枚ずつ、四方にはみ出るように重ねる。
④ 百匁柿のヘタを焼酎（アルコール度数35度）にひたす。
⑤ 段ボール箱に詰める。
⑥ 霧吹きで4と同じ焼酎を表面にまんべんなく吹きかける。

⑦ 新聞紙を折りたたみ、百匁柿を覆う。フタを閉め、ガムテープで止める。
⑧ 1週間たったら状態を確認し、熟したものだけ取り出し、ガムテープでフタを止める。

追熟の目安

追熟の程度には個体差があるので、熟したものから使い、毎日、状態を確認する。10日目後以降はガムテープで止めなくてよい。左写真は完熟の状態。全体が濃いオレンジ色で、ほんのりと透明感を帯びている。右写真は尻側はオレンジ色になって熟しているが、ヘタのほうはまだ色みが淡く、さらに追熟が必要。

デコポンと国産柑橘のパフェ

タカノフルーツパーラー（森山登美男、山形由香理）

さまざまな品種が年々、開発されている柑橘。このパフェは国産の柑橘5種を食べくらべできるという構成。
グラスの中は、オレンジのグラニテ、シャーベット、バニラアイス、ソフトクリームといった
ニュートラルな味わいの要素で構成し、トップに盛った柑橘の個性を引き立てる。

12種の柑橘系のパフェ

フルーツパーラー ゴトー（後藤浩一）

種類が多く、味わいも多彩な柑橘を12種類盛りあわせたパフェ。多いときにはもう1〜2種類くらい使うこともある。柑橘は一見地味なフルーツだが、甘みが強いもの、はっきりとした酸味が特徴のもの、ワタのおいしさを味わうもの、酸味も甘みも強くてジューシーなもの、と品種によって味わいはさまざま。一口ごとにちがったおいしさを楽しむことができ、最後まで飽きることがない。

デコポンと国産柑橘のパフェ
タカノフルーツパーラー（森山登美男、山形由香理）

オレンジピールの飾り…1切れ
>>> オレンジピールを甘く煮て、葉の形に抜き、ミントリキュールに漬ける。

粒状のゼリー…適量
>>> ゼリー液を冷たくした油に少量ずつ落としてかためてつくる。かたまったら、よく水洗いしてから使う。

ホイップクリーム（8分立て）…適量
>>> 脂肪分が高すぎるとくどいので、生クリームと植物性クリームをブレンドしてさっぱりとした味わいにしている。加糖はひかえめ。

キンカン（半割り）…1個分
日向夏（飾り切り）…2切れ
せとか（飾り切り）…2切れ
デコポン…2切れ
オレンジシャーベットとバニラアイス…あわせて80g
>>> オレンジシャーベット（自社製）とバニラアイスをアイススクープで半分ずつすくって、1スクープにする。

柑橘ソース…適量
>>> オレンジジュースと白ワインをあわせ、沸かしてアルコール分をとばす。水ときコーンスターチでとろみをつける。

ホイップクリーム（左記）…15g

オレンジのグラニテ…50g
>>> オレンジの果汁を絞り、冷凍してつくる。

ソフトクリーム…50g
>>>フルーツと一緒に食べておいしい味になるようメーカーに特注しているもの。甘さも乳脂肪分も控えめであっさりとした味わい。

デコポン（角切り）…適量
柑橘ソース（上記）…5～10㎖

〉〉〉盛りつけ

① グラスの底に柑橘ソースを敷き、ソースに角切りにしたデコポンを入れる。

② ソフトクリームを絞り入れる。

③ オレンジのグラニテをくだき、2の上にのせる。

④ グラスのふちにそって1周、ホイップクリームを絞る

⑤ ホイップクリームの上に柑橘のソースを一周流す。

⑥ オレンジシャーベットとバニラアイスを半分ずつすくい、グラスの奥側に寄せて置く。手前左にデコポンを盛る。

⑦ 手前右にせとかを盛る。

⑧ すき間に日向夏を盛る。

⑨ キンカンをのせる。

⑩ ホイップクリームを絞り、粒状のゼリーをちらす。オレンジピールの飾りをさす。

キンカン

持ち重りがするものがおいしいです。追熟し、酸味が抜けていくと、手ざわりがほんの少しやわらかくなってきます。(森山さん)

① 両端を落とし、横半分に切る。

② キンカンをまな板に置き、皮と身の間にペティナイフを入れる。ナイフをすべらせるように動かしながらキンカンをまわし、皮をむく。

日向夏

日向夏はワタのおいしさを楽しむ品種です。提供時はワタが果肉に残るように皮をむきます。(森山さん)

① 半分に切り、芯にV字の切込みを入れ、芯を切り取る。
② くし形切りにする。
③ ワタが身に残るように皮をむく。
④ 皮の両側に斜めに切り込みを入れる。
⑤ 端を丸めるようにして折る。切込みを入れたところが立ち上がる。

せとか

せとかは品質が安定していますが、デコポン同様に扁平な形のもののほうがおいしいです。(森山さん)

① 半分に切り、芯にV字に切り込みを入れ、芯を切り取る。
② くし形に切り、ペティナイフで皮を2/3ほどむく。デコポンは動かさず、ナイフをすべらせる。
③ 皮に2本切り込みを入れる。
④ 端を丸めるようにして折る。
⑤ 端を折ると、3で切込みを入れたところが立ち上がる。

デコポン

ヘタのまわりのでっぱりがはっきりとしているもののほうがおいしいです。また、柑橘全般にいえることですが、扁平な形のものは果汁が多くて甘いです。(森山さん)

① ヘタのところのでっぱりが残るように切り分け、芯の部分を切り落とす。

② デコポンの特徴であるでっぱりを残して皮を切り落とす。

12種の柑橘系のパフェ

フルーツパーラー ゴトー（後藤浩一）

紅まどんなのピール…1切れ
>>> 紅まどんな（柑橘）の皮からワタをそぎ、2回ゆでこぼす。鍋に皮の半量のグラニュー糖とともに入れ、紅まどんなの果汁をひたひたに注ぎ、コアントローを多めに加えて10分煮る。常温で冷まし、さきほどと同量のグラニュー糖とコアントローを加え、果汁をひたひたになるまで加えて7〜8分煮る。冷まし、ザルにあげて3日干す。小さく切り、グラニュー糖をまぶす。

生クリーム…適量
>>> 乳脂肪分47％のもの240gと乳脂肪分42％のもの100gを合わせ、上白糖40g、バニラエッセンス数滴を加えて9分立てにする。

日向夏…1/12個
はれひめ…1/8個
青島三ケ日みかん…1/8個
べにばえ…1/12個
西南のひかり…1/8個

生クリーム（上記）…適量

キンカン（いりき）…1/2個
天草…1/12個
デコポン…1/12個
晩白柚（ばんぺいゆ）…1/2〜1/3房
グレープフルーツ…1/12個
オレンジ…1/12個
ハッサク…1房

柑橘類（オレンジと紅まどんな）のアイスクリーム（自家製）…50g

バニラアイス（タカナシ乳業）…50g

柑橘のシュガーマリネ…15g
>>> さまざまな柑橘を1cm角に切り、グラニュー糖で和えて、しばらくおく。

>>> 盛りつけ

① 柑橘のシュガーマリネをグラスの底に入れる。

② バニラアイスを入れ、アイススクープで押さえて詰める。

③ 柑橘類のアイスクリームを1スクープのせる。

④ アイスクリームのまわりに、手前から時計回りにキンカン、天草、デコポン、晩白柚、グレープフルーツ、オレンジ、ハッサクを花が開くように放射状に並べる。

⑤ アイスクリームの上に生クリームを絞る（星口金・6切り口径6mm）。

⑥ 生クリームの上に奥から時計回りに日向夏、はれひめ、べにばえ、西南のひかり、青島三ケ日みかんを4と同様に並べる。

⑦ 中央に生クリームを絞る。

⑧ 生クリームにピールをさす。

柑橘について

柑橘は種類が多い上に、味わいも多様なので、たくさんの種類を1本のパフェで味わうという仕立てに向いているフルーツだと思います。1シーズンで使う柑橘は30種類ほど。時期が進むにつれて、使う柑橘を少しずつ変えながら提供しています。多種を盛りこむので、区別がつくよう、皮を残したりむいたりと変化をつけ、視覚の上でもさまざまな品種を一度に味わう楽しさを感じてもらえるようにしています。(後藤さん)

はれひめ
「清見タンゴール」にオレンジの一種を交配し、さらに早生ミカンの一種を掛け合わせたもの。ミカンのような甘みとオレンジのような香りが独特。愛媛県産を使用。(後藤さん)

べにばえ
「アンコール」と「オレンジ」を交配した新品種です。糖度が高く、果汁は多く、粒の皮がとても薄くてやわらかいため、味わいが濃厚でみずみずしいです。東京都産を使用。(後藤さん)

西南のひかり
「(アンコール・興津早生)No.21」に「陽香」(清見×中野3号ポンカン)を交配してできた品種。九州で育成されたこと、柑橘産地に光をもたらす品種になってほしいという願いを込めて名づけられました。東京都産を使用。(後藤さん)

青島三ヶ日みかん
ミカンの名産地のひとつ、静岡県の三ケ日町産の「青島温州」。大きめで平らな形の温州ミカンで、薄皮はやや厚いですが、ほどよい酸味とコクのある甘さが楽しめます。(後藤さん)

日向夏
宮崎県原産のミカン。ワタは苦みや酸味がなく、ほんのりと甘くておいしいため、実と一緒に食べることができます。産地によっては「土佐小夏(こなつ)」「ニューサマーオレンジ」などと呼ぶことも。宮崎県産を使っています。(後藤さん)

ハッサク
江戸時代に広島で発見されたブンタンの雑種です。甘味と酸味が適度にあり、中にはほんのりと苦みを感じるものも。果肉はややかためで香りと風味がよいです。生産量全国一である和歌山県産を使っています。(後藤さん)

天草
「清見タンゴール」と「興津早生みかん」の交配種に「ページオレンジ」を掛け合わせたもの。オレンジのような香りで、やわらかくて多汁な果肉。甘みは強く、酸味はひかえめです。長崎県産を使用。(後藤さん)

デコポン
「清見」に「ポンカン(中野3号)」を交配した「不知火(しらぬい)」のうち、糖度13度以上、クエン酸1%以下など、一定の基準を満たしたものだけが使える登録商標。熊本県産を使用。(後藤さん)

晩白柚(ばんぺいゆ)
ザボンの一種で熊本県の特産品。世界一大きな柑橘で、直径20cmをこえるものも。ワタが厚く、皮をむく前ならば1ヶ月ほど常温保存が可能。皮は砂糖漬けに利用できます。(後藤さん)

キンカン(いりき)
鹿児島県薩摩川内市入来町で温室栽培で樹上完熟させるもののうち、糖度16度以上のものが「いりき」というブランド名で出荷されています。皮ごと食べられます。(後藤さん)

オレンジ
スイートオレンジの中ではもっともよく知られているバレンシアオレンジを使用。春から夏はカリフォルニア産を、冬は南アフリカ産を使います。秋の終わりや冬の終わりなど、各産地のシーズンの終わり頃になると果汁が少なく、スカスカになるので、その時期は使いません。(後藤さん)

グレープフルーツ
グレープフルーツはブドウの房のように、1本の枝にたくさんの実がなります。果汁が多く、さわやかな甘酸っぱさと特有の苦みがあります。柑橘のパフェを出す年明けから春頃まではフロリダ産がおいしくなる季節です。(後藤さん)

》》》皮を残すカッティング

① くし形に切り、芯を切り外す。

② まな板に皮を下にして置き、実は動かさず、包丁を動かして途中まで皮をむく。

③ 皮を半分よりやや少ないくらい残し、斜めに切り落とす。

》》》日向夏のカッティング

① 12等分のくし形切りにして、芯を切り外す。ワタが実に厚めに残るように皮を薄くむく。

》》》ハッサクの下ごしらえ

① ハッサクは皮と薄皮をむき、保存容器に入れて1日後に使う。むきたてよりも1日おいたほうが味がまろやかになっておいしいと感じるため。

》》》キンカンのカッティング

① ヘタを包丁の先ではずす。

② 横半分に切り、包丁の先で種をはずす。

》》》晩白柚のカッティング

① ヘタ側を2〜3cm切り落とす。

② 尻側も2〜3cm切り落とす。

③ 縦に5〜6本ほど深さ約1cmの切り込みを入れる。

④ ヘタのついていた方には芯があるので、芯のまわりに包丁を入れて切り取る。

⑤ 手で皮をむく。

⑥ ワタが厚いので、ワタも手でむく。

⑦ 半分に割るため、4で芯を切り取った跡に指をさしこみ、ワタに手で切りこみを入れる。

⑧ 手で半分に割る。

⑨ ひと房ずつはずす。

⑩ 薄皮の芯側を包丁で切り落とす。手で薄皮をむく。

〉〉〉 盛りつけのポイント

柑橘は2段に分けて盛っています。このパフェには12種を使うので、下の段には7種、上の段には5種を盛りました。柑橘は基本的にくし形にカッティングし、皮付きで盛りつけるものは皮が付いている方を外側にして、1種ずつ放射状に盛っていきます。（後藤さん）

レモンのパフェ

ノイエ（菅原尚也）

グラスの上にはクリーミーなレモンミルクジェラートとショウガのコンフィチュールのマカロン。
グラスの中にはきっぱりとした酸味のレモンカード、フロマージュブラン、白ワインのジュレが。
間に岩塩をきかせた塩味のクランブルをはさみ、食感と味わいのアクセントに。

ピスタチオとグレープフルーツのパフェ

デセール ル コントワール（吉崎大助）

グレープフルーツとピスタチオの相性のよさを生かしてパフェに。柑橘に香りがよくあうディルオイルを少量ふってアクセントとする。グレープフルーツはピンクとホワイトの2色を使用。グラニテにはホワイトグレープフルーツを使い、メレンゲはピンクに着色。作家もののグラスのゆったりとしたふくらみの中を、緑、ピンク、淡い黄色が埋めつくす色あいのかわいらしさも楽しい。

165

レモンのパフェ
ノイエ（菅原尚也）

- レモンの皮…少量
- ◎ショウガのマカロン…1個
- ◎レモンミルクジェラート…60g
- ◎岩塩のクランブル…6g
- ◎グラニュー糖…適量
- ◎レモンカード…80g
- ◎岩塩のクランブル…6g
- ◎マスカルポーネ・クリーム…50g
- ◎岩塩のクランブル…少量
- ◎白ワインゼリー…115g

》》盛りつけ

❶ 白ワインゼリーをパフェスプーンでくずし、グラスに入れる。

❷ クランブルをのせる。

❸ マスカルポーネ・クリームを流しいれる。

❹ 岩塩のクランブルをふる。

❺ レモンカードを流し入れる。

❻ 表面を平らにならす。

❼ 表面にグラニュー糖をふる。

❽ グラスをかたむけて余分なグラニュー糖を落とす。

❾ バーナーで表面をキャラメリゼする。冷凍庫に数分おく。

❿ 岩塩のクランブルをのせる。

◎ショウガのマカロン
1 卵白100gとグラニュー糖50gをミキサーボウルに入れ、高速のホイッパーで泡立ててメレンゲをつくる。
2 アーモンドパウダー（皮なし）120g、粉糖160g、色粉（黄）をあわせてふるう。1に加え、さっくりと切り混ぜる。
3 天板に直径約2.5cmに絞り、扇風機の風をあてて表面を乾かす。180℃のオーブンで5分焼き、ふくらんだら140℃にして約6分焼く。
4 ショウガのコンフィチュールをつくる。ショウガ100gの皮をむき、スライスする。ショウガがひたるくらいの量のハチミツ、シロップ適量とあわせて煮る。ショウガに透明感が出てきたら火を止め、冷ます。
5 4のコンフィチュールのショウガを薄切りにして湯通しし、3のマカロン2枚ではさむ。

◎レモンミルクジェラート
1 生クリーム（乳脂肪分38%）500g、レモン汁（ライム汁）100g、シロップ400g、レモンの皮のすりおろし適量を混ぜ、アイスクリームマシンにかける。

◎岩塩のクランブル
1 バター135gは冷やしておき、角切りにする。
2 ボウルに1、薄力粉180g、アーモンドパウダー（皮なし）180g、グラニュー糖135g、岩塩17gを入れる。カードで切り混ぜる。ざっと混ざったら、手ですり混ぜてそぼろ状にする。
3 180℃のオーブンで30分焼く。

◎レモンカード
1 ボウルに全卵200gとグラニュー糖200gを入れ、レモンの皮を適量おろし入れ、レモン汁250gも加える。
2 湯煎にかけ、もったりとするまで泡立てる。
3 溶かしバター330gを加え混ぜる。

◎マスカルポーネ・クリーム
1 ミキサーボウルにマスカルポーネ500gと粉糖約90gを入れ、中速のホイッパーで混ぜる。粉糖の量は、味をみて好みで調整する。
2 混ざったら、生クリーム（乳脂肪分38%）300gを少量ずつ加える。途中、ラムかグランマルニエを少量加える。
3 生クリームをすべて加えたら高速にし、9分立てにする。

◎白ワインゼリー
1 鍋に白ワイン500g、水500g、グラニュー糖100g、レモン汁適量を入れて火にかける。
2 板ゼラチン18gを氷水でもどしておき、1に加えて溶かし混ぜる。
3 5分沸騰させる。火からおろし、氷水にあてて粗熱をとる。冷蔵庫で冷やしかためる。

⑪ レモンミルクジェラートをスプーンでクネルにとってのせる。

⑫ レモンミルクジェラートを適量、スプーンでけずるようにしてすくい、11にのせる。

⑬ ショウガのマカロンをのせる。

⑭ レモンの皮をおろしかける。

ピスタチオとグレープフルーツのパフェ
デセール ル コントワール（吉崎大助）

- エディブルフラワー…適量
- ピスタチオ（生・きざむ）…少量
- ◎ピンクのムラング…1g
- ◎クレープフルーツのジュレ…20g
- ◎グレープフルーツのグラニテ…10g
- アマンド・キャラメリゼ（p.25）…2g
- ◎ディル・オイル…少量
- ピンクグレープフルーツ…2房
- ホワイトグレープフルーツ…2房
- ◎ピスターシュ・シャンティイ…15g

- エディブルフラワー…適量
- ピスタチオ（生・きざむ）…少量
- ◎ピンクのムラング…1g
- ◎グレープフルーツのグラニテ…10g
- ◎クレープフルーツのジュレ…20g
- ◎ディル・オイル…少量
- アマンド・キャラメリゼ（p.25）…2g
- ピンクグレープフルーツ…2房
- ホワイトグレープフルーツ…2房
- ◎ピスターシュ・シャンティイ…15g
- クレーム・ディプロマット（p.25）…35g

》》》盛りつけ

① グラスの中央にクレーム・ディプロマットをこんもりと絞る。

② クレーム・ディプロマットの上にピスターシュ・シャンティイをグラスの端に寄せて絞る（星口金・10切り8番）。

③ クレーム・ディプロマットの上にグレープフルーツ2種をずらしながら重ねて並べる。

④ アマンド・キャラメリゼをのせる。

⑤ ディル・オイルをグレープフルーツの上に回しかける。

⑥ ピスターシュ・シャンティイの隣にグレープフルーツのジュレをすくい入れる。

⑦ グレープフルーツのグラニテを全体にかける。

⑧ ピンクのムラングをくだいてのせ、きざんだピスタチオをふる。

⑨ エディブルフラワーを飾る。

◎ピンクのムラング
1 卵白100g、グラニュー糖200g、色粉（赤）適量を湯煎であたためながら混ぜる。
2 ミキサーボウルに移し、中高速でかたく泡立てる。オーブンペーパーを敷いた天板に薄く塗り広げ、100℃のオーブンで2～3時間、乾燥焼きする。

◎グレープフルーツのグラニテ
1 グレープフルーツジュース1L、水200g、シロップ（ボーメ30度）180gを混ぜてバットに流す。
2 冷凍庫に入れ、凍るまで数時間おきに3～4回、攪拌する。攪拌しないと糖分が下にたまってしまい、味にかたよりが出る。

◎グレープフルーツのジュレ
1 グレープフルーツジュース1kgのうち一部を鍋に入れて温める。板ゼラチン10gを氷水でふやかしたもの、グラニュー糖100gを加え混ぜ、とかす。
2 1に残りのグレープフルーツジュースを加えて混ぜる。冷蔵庫で冷やしかためる。

◎ディル・オイル
1 グレープシードオイルとディルの若めの葉各適量をあわせ、ハンドブレンダーで攪拌する。

◎ピスターシュ・シャンティイ
1 生クリーム（乳脂肪分35%）にピスタチオペーストを好みの量加え、8分立てにする。

紅まどんなのパフェ

ノイエ（菅原尚也）

無農薬の「紅まどんな」を農家から直で仕入れてつくる。パッションフルーツの酸味とカリカリとした食感が、
紅まどんなの甘くてやわらかい果肉を引き立て、苦みをきかせたキャラメルアイスが、
紅まどんなのみずみずしさをより鮮明に感じさせる。かためのプリンと柑橘の相性のよさ、意表をつくビジュアルもポイント。

トマトとバジルのパフェ

デセール ル コントワール（吉崎大助）

モッツァレラチーズ、トマト、バジルをあわせたイタリアの前菜「カプレーゼ」をパフェ仕立てに。チーズはやや酸味があってよりクリーミーなフロマージュブランにおきかえてアイスクリームに。トマトはオレンジとともにコンポートに。バジルはライムとあわせてジュレとグラニテに展開。これらを組合せてデザートとして成立する構成に。ワイングラスの空間を生かした盛りつけが美しい。

紅まどんなのパフェ
ノイエ（菅原尚也）

紅まどんなの皮のすりおろし…少量
ディル…少量
◎紅まどんなの
　キャラメルソース…適量

◎キャラメルアイス…30g

紅まどんな…30g

◎プリン…80g

岩塩のクランブル（p.167）…少量

◎レモン風味の
　フロマージュブラン…50g
岩塩のクランブル（p.167）…少量
ディル…少量

◎紅まどんなの
　パッションフルーツマリネ…50g
◎紅まどんなと
　コアントローのゼリー…50g

》》》 盛りつけ

❶ 紅まどんなとコアントローのゼリーをくずし入れる。

❷ グラスの中央をあけて、紅まどんなのパッションフルーツマリネを並べる。

❸ マリネ液のパッションフルーツをスプーンですくってかける。

❹ ディルの葉をちぎってちらす。

❺ 岩塩のクランブルを少量のせる。

❻ ❷であけておいた中央にレモン風味のフロマージュブランを入れる。

❼ グラスのふちに向かってフロマージュブランをのばし、ふちですり切る。

❽ 岩塩のクランブルをふる。

❾ プリンを端に寄せてのせる。

❿ 皮をむき、くし形に切った紅まどんなをプリンの上や脇に飾る。

172

◎紅まどんなのキャラメルソース
1 グラニュー糖を鍋に入れて火にかけ、焦がす。
2 火を止め、グランマルニエ、紅まどんなの果汁を加える。紅まどんなの皮をおろし入れる（分量各適量）。

~~~

◎キャラメルアイス
1 卵黄6個とグラニュー糖60gを混ぜる。弱火にかけ、ゴムベラでかき混ぜながら、とろみがつくまで熱する。
2 グラニュー糖90gを別鍋に入れて火にかけ、焦がす。牛乳450gと生クリーム（乳脂肪分38%）を加え混ぜる。
3 1と2をそれぞれ氷水にあてて粗熱をとり、混ぜ合わせる。アイスクリームマシンにかける。

~~~

◎プリン
1 全卵250gをとき、グラニュー糖150gを混ぜる。生クリーム（乳脂肪分38%）250g、牛乳400g、パスティス適量を加え混ぜる。
2 プリンカップに紅まどんなのキャラメルソースを敷き、1を流し入れる。130～150℃のオーブンで20分湯煎焼きする。

~~~

◎紅まどんなのパッションフルーツマリネ
1 紅まどんなの皮を包丁でむき、小房に切り分ける。パッションフルーツの果肉で和える。

◎レモン風味のフロマージュブラン
1 フロマージュブラン500gに粉糖120gと生クリーム（乳脂肪分38%）300g、レモン汁適量を加え混ぜる。9分立てに泡立てる。

~~~

◎紅まどんなとコアントローのゼリー
1 鍋に水1kg、グラニュー糖100～200g、皮をむいて小房に切り分けた紅まどんな、紅まどんなの皮を入れて火にかける。
2 板ゼラチン18gを氷水にひたしておき、1に加えてとかし混ぜる。
3 紅まどんなの皮は香りがうつったら取り出す。紅まどんなはざっとつぶす。
4 コアントロー適量を加え混ぜ、アルコール分をとばす。氷水にあてて粗熱をとり、冷蔵庫で冷やしかためる。

⑪ キャラメルアイスをスプーンでけずるようにしてすくい、プリンの脇に重ねる。

⑫ 紅まどんなのキャラメルソースをかける。

⑬ ディルをちらし、紅まどんなの皮をおろしかける。

トマトとバジルのパフェ
デセール ル コントワール（吉崎大助）

- 金箔…少量
- ◎バジルの葉のフライ…2枚
- プチトマト（6等分）…3切れ
- ピスタチオ（生・きざむ）…適量
- ◎バジルとライムのグラニテ…18g
- ◎フロマージュブランのアイスクリーム…35g
- アマンド・キャラメリゼ（p.25）…2g
- ◎トマトとオレンジのコンポート…30g
- ◎バジル・ライム・ジュレ…20g
- ◎クレーム・フロマージュブラン…17g
- クレーム・ディプロマット（p.25）…25g

>>> 盛りつけ

① グラスの底にクレーム・ディプロマットを絞り入れる。

② グラスの1/3くらいのスペースに、クレーム・フロマージュブランをスプーンですくい入れる。

③ 2であけておいたところの半分のスペースにバジル・ライム・ジュレをスプーンですくい入れる。

④ 残りのスペースにトマトとオレンジのコンフィを入れる。

⑤ 上からみると、このように3色に分かれる。

◎バジルの葉のフライ
1　揚げ油を160℃に熱し、バジルの葉を入れる。ぱりっと揚がったら、油をきる。

◎バジルとライムのグラニテ
1　ボウルにライム果汁150g、水150g、バジルの葉20g、シロップ（ボーメ30度）160gを入れ、ハンドブレンダーで攪拌する。
2　バットに漉し入れ、ときどきくだきながら冷凍庫で凍らせる。

◎フロマージュブランのアイスクリーム
1　ボウルに卵黄3個とグラニュー糖95gを入れ、泡立て器ですり混ぜる。
2　鍋に牛乳265gと生クリーム（乳脂肪分35%）95gを入れ、火にかけて沸かす。1に加え混ぜ、鍋に戻し入れる。中火にかけ、かき混ぜながら炊く。82℃になったら火からおろして、鍋底を氷水にあてる。
3　別のボウルにフロマージュ・ブラン500gとシロップ（ボーメ30度）を入れて混ぜ、2を加え混ぜる。保存容器に移し、冷凍庫で冷やしかためる。

◎トマトとオレンジのコンポート
1　トマト300gは湯むきする。
2　鍋にトマトを入れて粗くつぶし、オレンジの果肉、グラニュー糖100g、バニラビーンズ1/4本を加える。火にかけ、とろみが出るまで煮る。粗熱をとり、冷蔵庫で冷やす。

◎バジル・ライム・ジュレ
1　バジル20g、ライム果汁100gをあわせ、ハンドブレンダーでピュレ状にする。
2　鍋にグラニュー糖70g、水315gのうち少量を入れて火にかけ、グラニュー糖を溶かす。
3　板ゼラチン5gを氷水でもどしておいたものを2に加えて溶かし、残りの水を加える。
4　3に1を加え混ぜる。保存容器に漉し入れ、冷蔵庫で冷やしかためる。

◎クレーム・フロマージュブラン
1　ボウルにフロマージュブラン100g、生クリーム（乳脂肪分35%）100g、グラニュー糖20gを入れ、10分立てにする。

アマンド・キャラメリゼをかける。

フロマージュブランのアイスクリームをスプーンでクネルにとり、アマンド・キャラメリゼの上にのせる。

アイスクリームにバジルとライムのグラニテをかけ、きざんだピスタチオをふる。

プチトマトをピンセットでグラニテにのせる。

バジルの葉のフライと金箔を飾る。

ピスタチオと杏のパフェ

アトリエ コータ（吉岡浩太）

アンズの酸味とピスタチオの香りが好相性。アンズはソルベとフレッシュのソテーに、
ピスタチオはクリームとアイスクリームにして組み合わせている。器にはワイングラスを使用。グラスにチュイルをのせることで
グラスの中と上とを区切り、それぞれの空間を生かした美しい盛りつけだ。トップにはできたての飴細工を。

プラムカシス

パティスリー ビヤンネートル（馬場麻衣子）

農園から直接仕入れているプラムのおいしさ、みずみずしさを生かすべく、カシス、スグリ、ブラックベリーなどのキレのよい酸味をあわせている。と、同時に、シナモンやアールグレイといった甘い香りのパーツをアクセントとしてさしこみ、プラムのすがすがしい味わいをより強調する仕立てに。

ピスタチオと杏のパフェ

アトリエ コータ（吉岡浩太）

- ◎アメ細工…1個
- アンズのソテー（縦4分割）…2切れ
- ピスタチオ（生・皮付き・くだく）…2g
- ◎ピスタチオクリーム…25g
- ◎ピスタチオのアイスクリーム…25g
- ◎テュイル（幅5〜6cm・長さ12〜13cm）…1枚
- ◎ピスタチオクリーム…7g
- ◎メレンゲとサブレ入りホワイトチョコレート…15g
- ◎アンズのソルベ…40g
- ◎赤ワインのジュレ…35g
- 生クリーム（7分立て・p.33）…20g
- アンズのソテー（縦4分割）…2切れ

》》》盛りつけ

① アンズのソテーをグラスに入れ、生クリームをスプーンでかける。

② 赤ワインのジュレを食べやすい大きさにすくって入れる。

③ アンズのソルベをクネルにとり、2の上にのせる。

④ ソルベのまわりにメレンゲとサブレ入りホワイトチョコレートをくだいて入れる。

⑤ グラスの側面から縁に向かってピスタチオクリームを絞り、グラスの縁にも数cm絞る。

⑥ テュイルをのせる。

⑦ ピスタチオのアイスクリームをクネルにとり、テュイルの上に置く。

⑧ アイスクリームの脇から上にむかってピスタチオクリームを絞る（星口金・9切り10番）。

⑨ ピスタチオをクリームにのせる。

⑩ クリームの脇にアンズのソテーを置く。アメ細工をつくり、クリームにのせる。

◎アメ細工
1 水アメとグラニュー糖を同量ずつ合わせ(a)、中火にかけて焦がす(b)。この状態でIHヒーターの保温モードで温めておき(c)、オーダーごとに飴細工をつくる。
2 テーブルナイフ2本をハの字に持ち、1をティースプーンですくい、細かくふってナイフの上にたらす(d)。ナイフから飴を抜き、両手ですばやく丸める(e)。

a

b

c

d

e

◎アンズのソテー
1 アンズ1個は種を除いて4分割する。フライパンにグラニュー糖10gとともに入れて、軽くソテーする。グランマルニエ15mlを加えて火をつけ、フランベする。

◎テュイル
1 やわらかくしたバター200gに粉糖200gを加えてゴムベラで混ぜる。
2 1に溶いた卵白200gを少しずつ加え、そのつどよく混ぜて乳化させる。
3 ふるった薄力粉200gを加え、さっくりと切り混ぜる。
4 天板にシルパンを敷き、3の生地をパレットナイフで幅5〜6cm・長さ12〜13cmくらいの大きさに薄くのばす。160℃のオーブンで約10分焼く。

◎ピスタチオクリーム
1 ミキサーボウルに生クリーム(乳脂肪分38%)250g、コンパウンドクリーム(乳脂肪分18%・植物脂肪分27%「ガトーモンテ(タカナシ)」)250g、グラニュー糖50g、ピスタチオペースト30gを合わせ、高速でピンとツノが立つまで泡立てる。

◎ピスタチオのアイスクリーム
1 バニラアイスクリーム(p.77)のマシンにかける前のもの750gにピスタチオペースト40gを加え混ぜる。アイスクリームマシンにかけて、アンズのソルベ(下記)の2と同様にする。

◎メレンゲとサブレ入りホワイトチョコレート
1 焼いたメレンゲとシュクレ生地(ともに解説省略)を粗くくだき、湯煎で溶かしたホワイトチョコレートを混ぜる。容器に入れて冷やしかためる。

◎アンズのソルベ
1 アンズのピュレ(ボワロン)500g、シロップ(グラニュー糖と水を同量ずつ合わせて沸かし、冷ましたもの)250gを混ぜ合わせる。
2 アイスクリームマシンにかけ、粒子が細かくなり、たらすとぼとっと落ちるかたさになるまで回す。

◎赤ワインのジュレ
1 鍋に赤ワイン700g、グラニュー糖150g、レモンとオレンジの皮のすりおろし各1/8個分、バニラビーンズ1本を入れて沸かし、沸かしたまま7分加熱する。
2 板ゼラチン9.9gを氷水でふやかしたものを加え混ぜ、氷水をあてながら混ぜて冷ます。
3 冷蔵庫で冷やしかためる。

プラムカシス

パティスリー ビヤンネートル (馬場麻衣子)

- 赤スグリ…適量
- アールグレイ・パウダー (「紅茶パウダー アールグレイ (南山園)」)…適量
- ピスタチオ (生・きざむ)…適量
- ◎ブラック・ショコラ…適量
- ◎生クリーム (7分立て)…25g
- ◎シナモン・ムラング…適量
- ◎ジュレ・アールグレイ…10g
- プラム (ソルダム・皮をむいて一口大に切る)…2切れ
- ◎シナモン・シュトロイゼル…8g
- ◎プラムのソルベ…60g
- ブラックベリー (半割り)…1粒分
- フィユタージュ (解説省略)…5g
- ◎ミルクのジェラート…60g
- プラム (ソルダム・皮をむいて一口大に切る)…2切れ
- ◎ジュレ・カシス…20g
- ◎ジュレ・アールグレイ (1cm角)…10g
- ◎ジュレ・シトロン…40g

>>> 盛りつけ

① グラスにジュレ・シトロンをスプーンですくい入れる。

② ジュレ・アールグレイを外から見えるようグラスにそって入れる。

③ グラスの中央にジュレ・カシスをスプーンで流し入れる。

④ プラム2切れを外から見える位置に、離して入れる。

⑤ アイススクープでミルクのジェラートをすくい、グラスの中央に入れる。

⑥ くだいたフィユタージュをジェラートにのせる。

⑦ ブラックベリーを外から見える位置に入れる。

⑧ アイススクープでプラムのソルベをすくい、グラスに入れる。

⑨ プラム2切れをソルベの上に離してのせる。

⑩ シナモン・シュトロイゼルをソルベにかける。

⑪ 生クリームをソルベの上に絞る（モンブラン口金）。

⑫ ブラックショコラを生クリームのやや奥側にさす。

⑬ シナモン・ムラングをソルベのやや奥側にさす。

⑭ ピスタチオをムラングの手前の生クリームの上にふる。

⑮ アールグレイパウダーを同じく、手前側の生クリームの上にふる。赤スグリをのせる。

◎シナモン・ムラング

1　ミキサーボウルに卵白120gと、洗双糖75gのうち約3割を入れ、高速で泡立てる。
2　コシが切れて泡立ってきたら、残りの洗双糖を加える。
3　ピンとツノが立ったら、合わせてふるったシナモン・パウダー5g、粉糖40g、コーンスターチ20gを加え、ゴムベラでさっくりと混ぜる。
4　天板にシルパットを敷き、その上に3をパレットナイフで厚さ3mmにのばす。90℃のコンベクションオーブンで60分焼く（ダンパーは開ける）。

◎ブラック・ショコラ

1　ホワイトチョコレート（カカオ分28%・カレボー）適量を湯煎で溶かし、色粉を加えてテンパリングする。
2　天板にOPPシートを敷き、薄く流す。ショックフリーザーで冷やしかためる。

◎生クリーム

1　乳脂肪分41%のもの420gと35%のもの180gをあわせ、洗双糖36gを加える。7分立てにする。生クリームは「かたく泡立てると口の中に油分が残り、くどく感じられる」（馬場さん）として、形を保てるギリギリのゆるさにしている。

◎ジュレ・アールグレイ

1　鍋に水を入れて沸かし、アールグレイ茶葉を入れる。フタをして3分蒸らす。
2　レモン汁、アガー、洗双糖をすり混ぜる。
3　1を再び火にかけ、沸騰直前に火を止める。2を加え混ぜ、漉して保存容器に流し入れ、冷蔵庫で冷やしかためる。

◎シナモン・シュトロイゼル

1　薄力粉（北海道十勝産）150g、アーモンドパウダー150g、シナモンパウダー20gをあわせ、粗めのザルでふるう（a）。
2　ミキサーボウルにバター150gを入れ、低速のビーターで攪拌してポマード状にする（b）。洗双糖150gを加えてさらに攪拌する。
3　洗双糖が全体に行き渡ったら（洗双糖の粒が残った状態でよい）、1を加え、ざっと混ぜる。
4　粉気が多少残っているくらいでミキサーを止め（c）、シルパットを敷いた天板に広げる（d）。手でざっとすり混ぜ（e）、バターのかたまりがないようにする。指先でほぐして粗めのそぼろ状にする（f）。大きさにムラがあり、粗いものが混じった状態のほうが食感に変化が生まれておいしい（g）。180℃のコンベクションオーブンで20分焼く（ダンパーは開ける）。

◎プラムのソルベ（できあがり2ℓ）

1 プラムは縦半割りにして種を抜き、殺菌水（食品用殺菌消毒剤「ピューラックス-S」を600倍に希釈したもの）に30分ひたして殺菌する。ビヤンネートルでは大石プラムかソルダムを正味1080g使用。大石プラムならば皮はむかず、ソルダムはえぐみがあるのでむく。

2 匂いが残らないよう、流水で洗う。

3 安定剤（ヴィドフィックス）7gと洗双糖405gをすり混ぜる。鍋に入れ、ブドウ糖78gを加える。水546gを少しずつ加え混ぜ、レモン汁20g、ハチミツ30gを加えて**2**を入れる。1分沸かし、氷水にあてる。

4 ブレンダーでピュレ状にする。ソルダムを使う場合は漉してから、大石プラムならばそのままジェラートマシーンにかけ、6分まわす。

◎ミルクのジェラート（できあがり2ℓ）

1 安定剤（ヴィドフィックス）2.3gと洗双糖306gをすり混ぜる。

2 ブドウ糖46g、脱脂粉乳70g、牛乳（乳脂肪分3.6%・「タカナシ牛乳3.6（タカナシ乳業・以下同）」）1.2kg、脱脂乳（無脂乳固形分27%・「タカナシ脱脂濃乳」）68g、生クリーム（乳脂肪分41%）315gを順に加え混ぜる。

3 火にかけ、沸騰直前の状態を1分以上保つ。

4 氷水にあてて冷まし、ジェラートマシーンに6分ほどかける。

◎ジュレ・カシス

1 鍋に水230gと洗双糖90gを入れて火にかけ、洗双糖をとかす。

2 氷水でもどしておいた板ゼラチン8gを**1**に加え、溶かし混ぜる。

3 カシスのピュレ（市販）に**2**を漉し入れて混ぜる。冷蔵庫で冷やしかためる。

◎ジュレ・シトロン

1 鍋に水1.5kg、洗双糖360g、ハチミツ200gを入れ、沸騰直前まで熱する。

2 氷水でもどしておいた板ゼラチン56gを加え、溶かし混ぜる。

3 氷水にあてて粗熱をとり、レモン汁200gを加え混ぜる。冷蔵庫で冷やしかためる。

和栗と赤スグリ（p.105）のレシピ

◎和栗のジェラート

1 和グリは鬼皮つきのままたっぷりの水とともに鍋に入れ、火にかけて沸かす。50分ほど中火でゆでる。

2 **1**の鬼皮と渋皮をむく。食感が残るよう、目の粗い漉し器で漉し、ところどころ2㎜ほどの大きさの粒が残っているペースト状にする。

3 ブレンダーに、イエローベース＊1350g、**2**の和グリペースト600g、生クリーム（乳脂肪分41%）190g、ハチミツ30gを入れ、なめらかになるまで回す。

4 ジェラートマシンに5～6分かける。

＊：洗双糖160g、生クリーム（乳脂肪分41%）170g、牛乳（乳脂肪分3.6%・「タカナシ牛乳3.6（タカナシ乳業）」）880g、脱脂粉乳25g、卵黄80gを火にかけ、86℃以上で1分以上温め、冷ます。

◎ブランマンジェ・アニス

1 鍋に生クリーム（乳脂肪分41%）100g、牛乳（乳脂肪分3.6%・「タカナシ牛乳3.6（タカナシ乳業）」）250g、グラニュー糖60g、アニス（ホール）3gを入れて火にかける。

2 沸騰する直前に火を止め、板ゼラチン6gを氷水でふやかしておいたものを加えて溶かす。

3 漉し、氷水にあてながら混ぜて粗熱をとり、冷蔵庫で冷やしかためる。

◎ジュレ・ほうじ茶

1 鍋に湯640gを沸かし、ほうじ茶葉8gを加えてフタをする。3分おいて蒸らす。

2 洗双糖95gとアガー4gをすり混ぜ、**1**に加える。

3 ハンドブレンダーで攪拌して茶葉を粉砕し、漉して保存容器に入れる。冷蔵庫で冷やしかためる。茶葉を粉砕すると香りが出る。

シナノスイートととちおとめのパフェ

タカノフルーツパーラー（森山登美男、山形由香理）

品種の多いリンゴとイチゴのなかでも、甘みと酸味のバランスがよく、
ととのった味わいのシナノスイートととちおとめでつくるパフェ。ただ甘いだけのフルーツは飽きがくるが、
ほどよい酸味が甘みを締める組みあわせで、最後まですっきりと食べられる。

和梨のパフェ

タカノフルーツパーラー（森山登美男、山形由香理）

しゃりしゃりとした歯ざわりで、甘い果汁をたっぷりと含む幸水をパフェに。そのみずみずしさをいかしたグラニテをたっぷりとグラスの中に。アイスクリームはナシのシャーベットとバニラアイスを半分ずつすくって1スクープにし、さっぱりとしたナシにほどよいコクをプラス。赤ワインのソースやフランボワーズのゼリーで赤みを添え、見ための華やかさを演出する。

シナノスイートととちおとめのパフェ

タカノフルーツパーラー（森山登美男、山形由香理）

粒状のゼリー…適量
>>> ゼリー液を冷たくした油に少量ずつ落としてかためてつくる。かたまったら、よく水洗いしてから使う。

ホイップクリーム（8分立て）…適量
>>> 脂肪分が高すぎるとくどいので、生クリームと植物性クリームをブレンドしてさっぱりとした味わいにしている。加糖はひかえめ。

リンゴ（シナノスイート、薄いくし形切り）
…3切れ
イチゴ（とちおとめ、ハート形）
…4切れ
イチゴ（とちおとめ、花形）
…2切れ
リンゴ（シナノスイート、くし形切り、皮付き）…1切れ
リンゴ（シナノスイート、くし形切り）
…1切れ
リンゴ（シナノスイート、くし形切り、皮半分付き）…2切れ

イチゴのシャーベット
（自社製）…50g
>>> イチゴをブレンダーでピュレ状にし、シロップを加えてアイスクリームマシンにかける。

イチゴのジュース…適量
>>> イチゴをブレンダーでピュレ状にし、漉す。

ホイップクリーム（左記）…15g

イチゴとリンゴのグラニテ…80g
>>> イチゴをブレンダーでピュレ状にし、リンゴジュースを加え混ぜて冷やしかためる。

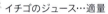

イチゴのジュース（上記）…適量

フロマージュブランのムース…20g
>>> フロマージュ・ブランに泡立てた生クリームを混ぜ、甘みをつけてゼラチンでムースにする。

リンゴ（角切り）…適量
コアントローのゼリー…30g

》》》盛りつけ

① グラスの底にコアントローのゼリーを入れ、角切りにしたリンゴをゼリーの中に押しこむ。

② フロマージュブランのムースを絞り出す（丸口金）。

③ イチゴのジュースをスプーンですくい、グラスにそって一周流す。

④ イチゴとリンゴのグラニテを**3**の上に詰める。

⑤ ホイップクリームをグラスにそって一周、円状に絞り出す（星口金・5切り5番）。

⑥ ホイップクリームの上にイチゴとリンゴのジュースをスプーンでかける。

⑦ イチゴのシャーベット1スクープとリンゴを盛る。

⑧ ハート形に切ったイチゴ2切れをのせる。

⑨ 花形に切ったイチゴ2切れをのせる。

⑩ ハート形に切ったイチゴ2切れをのせる。

⑪ 薄いくし形切りにしたリンゴ3切れをシャーベットの上に盛る。

⑫ てっぺんにホイップクリームを少量絞り出し（口金は同上）、粒状のゼリーをのせる。

シナノスイートについて

シナノスイートはしゃりしゃりとしたかための歯ごたえと強い甘みのあるリンゴです。ほどよい酸味があり、それによってより甘みが引き立ちます。

シナノスイートの収穫時期は11月。その後も低温保存されたものが出回りますが、収穫直後のものがおいしいので、使うのであれば11月がおすすめです。リンゴは収穫後に追熟しません。鮮度のよいうちに食べきりましょう。リンゴはヘタと反対側の端に近づくにつれて甘みが増していきます。くし形切りにすることで、1切れで全体の味を楽しむことができます。また、つるが太いものほど甘くておいしいです。（森山さん）

》》》リンゴのカッティング

① タテ半分に切る。

② 芯のところにV字に切り込みを入れ、芯をはずす。

③ 薄く3枚切り出す。

④ 残りを4等分のくし形に切る。片端がとがるよう、斜めに包丁を入れて切り分けると盛り付けたときに安定がよくきれいに見える。

⑤ とがった方の端をまな板にのせて持ち、包丁を皮の上にさしこむ。

⑥ 包丁をまな板にそって動かして皮をむく（1切れ）。

⑦ 半分強までむき、真ん中あたりで皮を斜めに切り落とす（2切れ）。残りの1切れは皮つきのまま使う。

作業のポイント

カッティング途中のフルーツは断面の変色を防ぐため、ビタミンCを加えた水につけている。リンゴの場合は、リンゴと同じ糖度になるよう加糖した水を使う。加糖しておかないと果物の甘みが水に逃げてしまう。ただし、ブドウやモモは加糖した水に入れると割れるため、ビタミンCのみを加えた水を使う。

とちおとめについて

現在、日本には30品種ほどのイチゴが流通しています。新しく生まれた品種の寿命は10年ほどといわれており、それを過ぎるとだんだんおいしくなくなっていきます。しかし、少しずつ品種改良を重ね続けている「とちおとめ」は、外れのない、とても優秀な品種だと思います。甘みに特化したイチゴがもてはやされがちですが、酸味もしっかりあってバランスのとれたとちおとめのようなおいしさがそろそろ見直されはじめる頃でしょう。とちおとめは味のばらつきが少なく、安定しておいしい品種です。なかでも栃木県の「村田農園」のとちおとめは絶品で「村田さん家のいちご」としてフルーツ好きの方には知られており、ショップでも人気。フルーツパーラーで使うこともあります。
（森山さん）

〉〉〉イチゴの花切り

① ヘタとなり口を切り落とす。

② イチゴの高さの真ん中あたりに中心までペティナイフを入れ、ギザギザに切り込みを一周入れる。

③ 上と下をはずす。

〉〉〉イチゴのハート

① イチゴは肩（ヘタのまわり）が丸くてきれいな形のものを選び、ヘタを切り落とす。芯のところにV字に切り込みを入れる。

② 切り込みを入れたところをはずす。

③ V字に切り込みを入れたところが横にくるようにしてまな板に置き、半分に切る。

④ ハート形になる。V字の切り込みを入れたところで半分に切るとハート形にならないので注意。また、ゆがんだ形のイチゴを使うときれいなハート形にならない。

和梨のパフェ
タカノフルーツパーラー（森山登美男、山形由香理）

- シュー生地の飾り…1つ
- ミントの葉…適量
- 赤い粒状のゼリー…適量
  >>> ゼリー液を冷たくした油に少量ずつ落としてかためてつくる。かたまったら、よく水洗いしてから使う。ナシのパフェは色味がとぼしいので、クレーム・ド・フランボワーズ（フランボワーズのリキュール）を入れて色づけしたゼリー液を使っている。
- ホイップクリーム（8分立て）…適量
  >>> 脂肪分が高すぎるとくどいので、生クリームと植物性クリームをブレンドしてさっぱりとした味わいにしている。加糖は控えめ。
- 和ナシ（くし形切り）…8切れ
- 和ナシ（皮を飾り切りしたくし形切り）…2切れ
- バニラアイスクリームとナシのシャーベット…合わせて80g
  >>> アイスディッシャーで半分ずつすくい、1スクープにして盛る。
- 和ナシのジュース…大さじ1
  >>> 皮と種を取り除いた和ナシをブレンダーでジュース状にする。
- ホイップクリーム（左記）…適量
- 和ナシのグラニテ…100g
  >>> 和ナシのジュース（上記）にシロップを加えて凍らせたもの。
- 赤ワインソース…少量
- フロマージュ・ブランのムース…20g
  >>> フロマージュ・ブランに泡立てた生クリームを加えて甘みをつけ、ゼラチンでムースにする。
- 和ナシ（一口大）…1切れ
- コアントローのゼリー…30g
- 和ナシのジュース（上記）…5ml

>>> 盛りつけ

① 和ナシのジュースとコアントローのゼリーを重ね、ゼリーの中に一口大に切った和ナシを入れる。

② フロマージュ・ブランのムースをゼリーの上に絞る。まずグラスにそって絞り、ゼリーを覆う。

③ ムースの上、3カ所に赤ワインソースを入れる。

④ 和ナシのグラニテをのせる。

⑤ ホイップクリームをグラスにそって一周、絞る。

⑥ ホイップクリームの上に和ナシのジュースを一周、流す。

⑦ バニラアイスクリームと和ナシのシャーベットを半分ずつすくい、グラスの奥側にのせる。手前に皮をむいた和ナシを盛る。

⑧ 飾り切りした和ナシを、7で盛りつけた和ナシの上に1切れずつのせる。

⑨ ホイップクリームを絞る（星口金・5切り5番）。その上に赤い粒状のゼリーをのせる。

⑩ ミントの葉とシュー生地の飾りをのせる。

>>> くし形切り

① ペティナイフの位置を固定し、ナシを回して皮をむく。こうすると、厚みを均一に、早くむくことができる。

② 縦4つ割りにし、ヘタのまわりから芯に向かって斜めにペティナイフを入れる。

③ 尻側からも斜めにナイフを入れ、芯を切り取る。種のまわりの果肉はかたいので、思い切って大きく切ること。

④ 片側がとがった三角形になるよう4〜5等分にする。盛りつけるときには、とがっているほうを外側にして盛ると、すっきりとしてきれいに見える。

>>> 飾り切り①

① 和ナシを皮つきのまま縦4つ割りに切る。くし形切り（上記）と同様にして芯を取り除く。

② 片側が尖った三角形になるように2等分する。

③ 三角形の底辺にあたる側から、皮を途中までむく。

④ 皮を途中で斜めに切り落とす。

>>> 飾り切り②

① 和ナシを飾り切り①と同様に分割する。端から5mmほど内側に、V字型に浅く切り込みを入れる。

② V字のとがった方と反対の端から1cmくらいのところに、V字の上をつなぐように浅く切り込みを入れる。

③ 1〜2で切り込みを入れたところまで皮をむき、三角形の皮は捨てる。

キウイのパフェ

タカノフルーツパーラー（森山登美男、山形由香理）

　　　緑と黄色、2種のキウイの色あいのコントラストが楽しいパフェ。追熟の見きわめが難しいキウイを、もっとも甘くて
　　おいしい状態にしてたっぷりと盛りつける。中にはキウイのグラニテとソース代わりのジュースが。いずれもブレンダーにかけても
　　きれいな色が保てるグリーンのキウイを使っている。フロマージュブランのほどよい酸味がさっぱりとしたキウイと好相性。

スイカとチョコレートのパフェ

カフェコムサ 池袋西武店（加藤侑季）

系列のフルーツケーキ専門店で人気のスイカとチョコレートのケーキをヒントにしたパフェ。スイカのみずみずしさとビターで濃厚なチョコレートの意外な相性のよさに驚くお客が多い。課題だったのはチョコレートアイスクリーム選び。軽やかなラクトアイスはスイカにはあわず、カカオの味わいがはっきりと感じられるものを試したところ、これぞというものができたという。

キウイのパフェ

タカノフルーツパーラー（森山登美男、山形由香理）

- グリッシーニ…1つ
- 粒状のゼリー…適量
  >>> ゼリー液を冷たくした油に少量ずつ落としてかためてつくる。かたまったら、よく水洗いしてから使う。
- ホイップクリーム（8分立て）…適量
  >>> 脂肪分が高すぎるとくどいので、生クリームと植物性クリームをブレンドしてさっぱりとした味わいにしている。加糖は控えめ。
- キウイ（花状に成形）…1個
- ゴールデンキウイ（花切り）…1個
- キウイ（半月切り）…3切れ
- ゴールデンキウイ（半月切り）…2切れ
- キウイ（丸くくり抜く）…1個
- ゴールデンキウイ（丸くくり抜く）…1個
- バニラアイスクリームとキウイシャーベット…あわせて80g
  >>> バニラアイスクリーム単体だとやや重いので、キウイシャーベットと半分ずつすくって1スクープに。

- キウイのジュース…適量
  >>> 緑のキウイをブレンダーでジュース状にしたもの。種がつぶれると色が汚くなるので、回しすぎないように気をつける。
- ホイップクリーム（左記）…15g
- キウイのグラニテ…100g
  >>> キウイのジュース（上記）にシロップを加えて凍らせる。
- パイ生地…5g
- フロマージュブランのムース…20g
  >>> フロマージュブランに泡立てた生クリームを加え、甘みをつける。
- キウイ（一口大）…1切れ
- キウイのジュース…10mℓ

>>> 盛りつけ

① グラスの底にキウイのジュースを入れ、ジュースの中に一口大に切ったキウイを入れる。

② フロマージュ・ブランのムースを絞る（丸口金）。

③ 細かくくだいたパイ生地をムースの上にのせ、表面を覆う。

④ キウイのグラニテをのせる。

⑤ グラスのふちにそって一周、ホイップクリームを絞る。

⑥ ホイップクリームの上にキウイのジュースをスプーンでかける。

⑦ バニラアイスクリームとキウイのシャーベットを半分ずつすくって1スクープにし、奥側に置く。手前に花状に成形したキウイをのせる。

⑧ 花切りにしたゴールデンキウイを⑦の隣に置く。

⑨ 半月切りと丸く抜いたキウイをバランスよく盛る。ホイップクリームを少量絞って粒状のゼリーをのせ、グリッシーニをさす。

キウイについて

キウイは常温で追熟させます。冷蔵庫に入れると水分が抜け、かたくなってしまいます。ただし、熟しはじめると一気に熟成が進むので、注意が必要です。皮をむいたときにひっかかりがなく、すっとむけるのがもっともおいしい状態。まだ早いときは包丁が入りにくく、熟成が進みすぎると果肉がくずれてむきにくくなります。
（森山さん）

》》》皮のむき方

①キウイはヘタの奥に軸がある。その軸のまわりに一周切り込みを入れる。

②切り込みを入れた部分をひねってはずす。

③尻側は切り落とす。

④皮をむく。ペティナイフは動かさず、キウイを動かし、ペティナイフの先の方だけを使ってむく。

》》》花切り

①キウイを手に持ち、ペティナイフを果肉の中心までさしこんでぎざぎざに切り込みを入れる。

②一周切り込みを入れたら、できあがり。

》》》くり抜く

①くり抜き器を果肉にさしこみ、丸く抜く。

》》》花状に盛る

①両端に近い部分はやや厚めに、中央に近い部分はやや薄めに切る。果肉がかためのときはやや薄めに、やわらかめのときはやや厚めに切ると成形しやすい。

②端の小さいスライスを使って芯をつくる。

③2の芯のまわりに、小さいものから1枚ずつ巻きつけていく。端と端をずらして巻くときれいに見える。

④最後に、下側を指で押してきゅっとタイトにまとめ、上側を親指で開くようにしてやや倒すときれいな形になる。

スイカとチョコレートのパフェ

カフェコムサ 池袋西武店（加藤侑季）

- チョコレートの飾り…1個
  >>> ホワイトチョコレートを湯煎でとかし、抹茶を加え混ぜる。テンパリングして、OPPシートの上に楕円形に流す。ダークチョコレートを湯煎でとかし、コルネに入れる。かたまった抹茶チョコレートの上に波線状に絞る。
- スイカ…115g（厚切り7枚・丸抜き2個）
- 生クリーム（乳脂肪分38％）…10g
  >>> 0.5%加糖し、8分立てにする。
- チョコレートアイスクリーム（タカナシ乳業）…100g
- スイカ…5g（薄切り6枚）
- 生クリーム（上記）…10g
- パイ生地…17g
- スライスアーモンド（ロースト）…3g
  >>> あわせておく。
- スイカ（角切り）…10g

>>> 盛りつけ

① 角切りにしたスイカを入れ、パイ生地とスライスアーモンドをくだきながら入れる。

② 生クリームをグラスにそって一周絞る。

③ 薄くスライスしたスイカをグラスの内側に貼り付ける。

④ チョコレートアイスクリームをアイススクープで詰める。

⑤ 生クリームを絞り、表面を覆う。

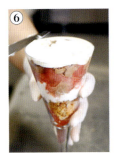

⑥ ペティナイフですりきり、表面を平らにする。

⑦ グラスの上に端をやや重ねながら、とがった方が外になるようにスイカを6枚並べる。

⑧ スイカの厚切りの残り1枚はグラスの上に立てるようにして盛る。

⑨ 丸く抜いたスイカを2個のせる。

⑩ チョコレートを飾る。

》》》スイカのカッティング

    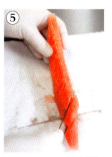

① スイカを縦半分に切り、さらに6等分する。キッチンペーパーにのせ、皮の少し上にペティナイフをさしこむ。

② スイカは動かさず、ペティナイフをまな板と平行に動かして皮をむく。

③ ペティナイフの先で種を取り除く。

④ 芯側を切り取り、角切りにする。

⑤ 厚さ1〜2cmの斜め薄切りにする。

⑥ 5のうち2切れのみ、さらに3等分の厚さに切る。

⑦ 1〜6とは別のスイカを直径3cmのくり抜き器で丸く抜き、種を取る。

フルーツパーラーフクナガのシャーベット

フルーツパーラーフクナガのパフェはいたってシンプル。
自家製のシャーベット、バニラアイス、フルーツ、ホイップクリーム、以上。
フルーツの味わいを異なる温度帯、食感で楽しませる
シンプルなシャーベットづくりを店主の西村さんに教えていただいた。

**フルーツ本来の味わいを引き出す。
それがフルーツパーラーフクナガの
シャーベットづくり**

シャーベットをつくる上で大切にしているのは、そのまま食べてもおいしい状態のフルーツを使うことです。そのためには品質のよいものを仕入れるのはもちろんですが、洋ナシや柿などの追熟が必要なフルーツはもっともおいしい状態を見きわめて使い、収穫後は追熟しないイチゴなどは新鮮なうちに使っています。

うちのシャーベットのつくり方は、フルーツをブレンダーでざっとつぶすか、さっとひと煮立ちさせ、凍らせるという方法。果汁と果肉をまるごと、ときには皮も一緒にシャーベットにしています。フルーツ自体がおいしい状態なので、それをできるだけシンプルにシャーベットにします。加えるのは少量の自家製ガムシロップとレモン汁のみ。シロップは凍ると甘みを感じにくくなる分をおぎなうためと、フルーツ本来の味わいをより引き出すために、レモン汁はフルーツそれぞれのきれいな色味や香りを引き立てるために、いずれもかくし味程度にほんの少しだけ加えます。フルーツはナマモノですから、産地の天候によっても味がちがいますし、同じ畑、同じ木に成っていても日当たりや風通しなどの条件がちがえば味がちがってきます。それを追熟や温度管理によって、本来持っている力を引き出してやるのがわたしの仕事。そして、そのおいしさを凝縮するのがシャーベットづくりなのです。（西村誠一郎さん）

イチゴのシャーベット

① イチゴのヘタをめくり、ヘタの付け根を切り取る。切り取る部分はなるべく少なくし、できるだけ全体をあますところなく使うようにする。

② ジューサーに入れ、レモンの搾り汁を加える。加える量は、イチゴ6パックに対して、約1/2個。イチゴの味をみて調整する。

③ 自家製ガムシロップ（グラニュー糖と水1：1）を加える。イチゴの甘みが強い場合はこれよりもやや少なめにする。

④ ジューサーをまわす。なめらかになったらすぐにとめ、まわしすぎない。

⑤ 保存容器に流し込み、冷蔵庫で1〜2日凍らせる。

シャーベットにはとちおとめとあまおうを半々ずつ使います。とちおとめは酸味があり、昔ながらのイチゴらしい味わいがしっかりと感じられる品種です。あまおうは甘みとあざやかな色あいを加えるために使います。とちおとめの色が淡いときには、あまおうの割合をやや増やすことも。イチゴはいずれも、そのまま食べてもおいしいものだけを使い、凍らせることで感じにくくなる甘みと酸味を最低限おぎない、よりしっかりとした味わいを引き出すため、かくし味としてレモン汁とガムシロップをほんの少しだけ加えます。加える量はイチゴの味をみて判断

します。味見は色が淡いものを選んでします。甘みが少なそうなものの味をみることで、全体の味わいをどう調整したらよいかを判断するわけです。
（西村さん）

 ## メロンのシャーベット

① メロンを半分に切る。ブレンダーにザルをのせ、種とワタを漉し入れる。

② ザルの中身を手でしごき、余すところなくブレンダーの中に入れる。

③ メロンの皮を薄くむく。緑色の部分が少し残るくらいにむくと、メロンの味わいや香りがしっかりと感じられるシャーベットになる。

④ 果肉を角切りにしてブレンダーに入れ、凍らせると甘みを感じにくくなる分のみをおぎなう程度に自家製ガムシロップを加える。

⑤ 高速で回す。ほどよく食感が残った状態にとどめ、なめらかにしすぎないようにする。保存容器に移し、冷凍庫で凍らせる。

メロンはカリウムが豊富で、ワタにはβ-カロテンをはじめとする体によい物質がたくさんふくまれています。果物がもつ栄養をむだにせず使いきりたいと思っているので、シャーベットをつくるときも種のまわりやワタもしっかりと搾りとって使います。また、皮のすぐ下にもっとも多くの香り成分があるので、なるべく薄くむいてあまさず使います。
（西村さん）

洋ナシのシャーベット

① 洋ナシ2.2kgは縦4つ割りにし、皮をむく。皮をむく際には包丁の位置を固定し、洋ナシを動かすようにするときれいにむける。

② 厚さ1cm前後にざっとスライスする。洋ナシは皮のすぐ下あたりがもっとも香りが強いので、皮はごく薄くむき、部分的にむき残しがあってもよい。

③ 鍋に入れ、レモン汁約1/2個分、水400mlを加えて強火にかける。

④ ひと煮立ちしたらざっとアクを取り除く。

⑤ グラニュー糖154gを加え、ざっと混ぜる。

⑥ 火を止め、白ワイン40mlを加えてざっと混ぜる。煮上がりに少量のワインを加えることで、コクとキレのある香りが加わる。

⑦ 常温で冷ます。冷ますうちに余熱で火が入り、写真のようにくったりとした状態になる。これを保存容器に移し、冷凍庫で凍らせる。果肉の形が残ったままだが、果肉がもともとやわらかく、煮ているため、凍ったものをアイススクープでかき取れる。

山形県産メロウリッチやラ・フランスなどを使っています。香りと味わいを生かすため、凍らせる前にはさっと煮るだけにとどめます。洋ナシは長く煮なくてもよいやわらかさ、そのまま食べてもおいしい状態になるよう、常温で追熟させます。追熟の目安はよい香りがして、さわるとほんのりとやわらかさが感じられるくらい。必ず食べて、状態を確かめてから使っています。食べてみて、香りがよく、しっかりと甘みが感じられ、とろりとやわらかくなっていれば食べ頃です。熟しすぎたり傷んだりして透明になっている部分があれば取り除きます。カットした時に角をさわってみて、かたさが感じられるようなら、さらに追熟が必要です。（西村さん）

おけさ柿のシャーベット

①
ヘタのまわりにペティナイフをやや斜めにさしこみ、切り込みを1周入れる。

②
ヘタは捨て、果肉は皮つきのまま手でつぶしてブレンダーに入れる。

③
凍らせると甘みを感じにくくなるので、その分のみをおぎなう程度にガムシロップを加える。

④
ピュレ状になるまでジューサーにかけ、シノワで保存容器に漉し入れる。とてもやわらかいので、7〜8秒も回せばなめらかになる。

⑤
どろっとして漉しづらいので、レードルで押して搾るようにして漉す。冷凍庫に入れて凍らせる。

⑥
漉し終わりは写真のようにシノワの中にはほんの少ししか搾りかすが残らない。ちなみに、この搾りかすにグラニュー糖を加えて煮るとジャムがつくれる。

シャーベットに使うのは新潟県佐渡島産の平核無柿（ひらたねなしがき）、通称「おけさ柿」。平らで四角く、その名の通り、種がない渋柿です。渋抜きされて甘くなった状態で流通しています。とろっと粘りのある独特の肉質で、甘くてとろみの強いシャーベットができます。このシャーベットをおいしくつくる秘訣は、なんといっても柿がしっかりと熟すまでじっくり待つこと。追熟は常温でします。シャーベットに適した熟し加減は、手で簡単につぶすことができるくらいのやわらかさ。写真右のオレンジ色の5つはまだシャーベットには早く、左側に置いたもののように赤みがかって透明感が出てきたくらいがちょうどよいです。（西村さん）

 ブドウのシャーベット

①
ブドウは枝から実をはずし、洗ってヘタなどを取り除く。使うブドウの半量以上は必ずキャンベルとし、残りはベリーA、スチューベンなど。なかでもキャンベルは独特の豊かな香りがあり、欠かせない。

②
1を皮つきのままブレンダーに入れ、ブレンダーの刃が回る程度のレモン汁（水で薄めたもの）を加えて回す。種がつぶれず、皮と果肉がジュース状になるよう調整すること。

③
鍋に移し、火にかけてひと煮立ちさせ、アクをすくう。

④
シノワで漉し、レードルで押して汁を絞りきる。シノワに残るのは種ぐらい。味をみて、凍らせたときに甘みが足りなさそうな場合にはガムシロップを適宜加える。

⑤
常温で粗熱をとり、保存容器に移して冷凍庫で凍らせる。1〜2日後、8割ほどかたまったところで取り出し、ハンドミキサーで攪拌する。さらに数日完全に凍るまで冷凍庫に入れる。

近頃は、粒が大きい、甘みが強い、皮ごと食べられる、といった特徴をもつブドウに人気が集まっています。一方、うちのシャーベットに欠かせないブドウは、キャンベル、スチューベン、ベリーAなど。粒が小さく、皮はむく必要があり、種はあるので手間はかかりますが、ワインに使われることからもわかるように、味はうんと濃いですし、香りはずっと強いんです。そこで、とびきりおいしいのに、いまは食べられることの少なくなっているこれらのブドウだけを使って、シャーベットという食べやすい形にしてだしています。シャーベットにしたときの深みのある紫色の美しさはこれらの品種ならでは。手間はかかりますが、うちのブドウシャーベットはこれらのブドウがないとつくれません。1シーズンで仕込むシャーベットはブドウ約150kg分くらいになります。

フルーツパーラーゴトーのアイスクリーム

フルーツパーラーゴトーのパフェには必ず自家製のアイスクリームが入る。
材料は食べ頃のフルーツ、レモン汁、粉糖、生クリームのみと、とてもシンプル。
ていねいに少量ずつ仕込んで、新鮮なうちに使い切るのが、おいしさの秘訣だ。

アイスクリームづくりは独学。
フルーツのおいしさを引き立てる味わいに

アイスクリームのつくり方は誰に習ったわけでもなく、本などを見ながら工夫を重ねていまの形になりました。少ない材料でごくシンプルに、フルーツのおいしさが生きるようにつくっています。とはいえ、フルーツは1種のみでつくることはなく、たとえばバナナのアイスクリームなら軽さを出すためにパイナップルを加えたり、柿やイチゴのアイスクリームは2品種以上を混ぜて味わいに奥行きが出るようにしています。

また、フルーツの味によって、加えるレモン汁や粉糖の量は変えています。生クリームは乳脂肪分のことなる2種類をあわせて使っており、調和がとれた味になるよう、アイスクリームごとに割合や配合量をいろいろと試して、いまの分量にたどりつきました。凍らせたフルーツを攪拌してつくるので、とけやすい粉糖で甘みをつけます。主役となるフルーツの味を引き立てつつ、アイスクリームならではのおいしさが出せたらいいなと思っています。

フードプロセッサーでつくっているので、一度にたくさん仕込めませんが、毎日数種類ずつコツコツとつくり足しているので、新鮮なうちに使い切れます。
（後藤美砂子さん）

バナナのアイスクリーム

❶ バナナ240gは長さ2cmの輪切りにする。パイナップルは厚さ1cmの扇形に切る。それぞれ凍らせて、フードプロセッサーに一緒に入れる。

❷ レモン汁小さじ2を加える。

❸ 粉糖大さじ5を加える。

❹ 乳脂肪分42％の生クリーム100mlと牛乳50mlを加える。

❺ パルスボタンを5～10秒押す。フタを開け、ヘラで上下を返す。これを刃が回るようになるまで5～6回繰り返す。

❻ 刃が回るようになったら15秒おきにフタを開けてヘラで上下を返す。

❼ なめらかになったらジップロックコンテナーに移す。

❽ フタをして冷凍庫に一晩おく。アイスクリームが空気にふれないよう、容器の容量と同量を仕込んでいる。

やわらかいバナナを使うとできあがりが茶色くなります。バナナが届いたら、その日のうちにすぐ冷凍します。かためのバナナを使うと、さわやかな香りと味わいのアイスクリームになります。また、バナナをさっぱりと食べさせるためにパイナップルを少し加えています。バナナの入ったアイスクリームはかたくなりやすいので、乳脂肪分を少なくおさえるため、牛乳も使います。生クリームの量もほかのアイスクリームにくらべると少なめです。（後藤さん）

 ## イチゴのアイスクリーム

❶ 300gはヘタを取って半分に切り、ヘタの付け根をV字形に切り取る。凍らせて、フードプロセッサーに入れる。

❷ レモン汁小さじ2、粉糖大さじ5、乳脂肪分47％の生クリーム100mlと42％のもの50mlを順に加える。

❸ パルスボタンを5～10秒押す。フタを開け、ヘラで上下を返す。これを刃が回るようになるまで5～6回繰り返す。

❹ 刃が回るようになったら15秒おきにフタを開けてヘラで上下を返す。

❺ なめらかになったらジップロックコンテナーに移し、フタを閉めて冷凍庫に一晩おく。

ここではサマーティアラととちおとめを半量ずつ使いました。サマーティアラやとちおとめのような果肉の芯が白い品種を使うときれいなピンク色が出ます。あまおうを使うと黒みがかったにごった色になってしまいます。

イチゴのアイスクリームは冷凍庫から出したてはカチカチなので、使う少し前に冷蔵庫か常温に出して少しやわらかくしてから盛ります。（後藤さん）

ミックスフルーツアイスクリーム

① バナナ（1.5cm幅）100g、リンゴ（8mm角）100g、パイナップル（1.5cm角）150g、オレンジの果肉150gを凍らせ、フードプロセッサーに入れる。

② レモン汁小さじ2、粉糖大さじ7、乳脂肪分42％の生クリーム150mlと47％のもの100mlを順に加える。

③ 刃がすんなりと回るようになるまで、パルスボタンを押して攪拌する。

④ 刃が回るようになったら30秒おきにフタを開けて、ヘラで上下を返す。オレンジやパイナップルはかたまりが残りやすいので、注意する。

⑤ まんべんなく混ざってなめらかな状態になったら、ジップロックコンテナーに移し、フタをして冷凍庫に一晩おく。

リンゴは皮と実の間に栄養がたくさん含まれているので、皮付きのまま使います。凍るとかたくなるので細かめに切ったほうがよいです。バナナが入るとかたくなりやすいので、乳脂肪分をほかのアイスクリームよりも低めにおさえた配合にして、やわらかさをだします。（後藤さん）

 柿のアイスクリーム

① 平核無柿200gは一口大に切って凍らせる。甲州百匁柿はとろとろの状態のものをジップロックフリーザーバッグに入れて凍らせ、一口大に切る。これらをフードプロセッサーに入れる。

② レモン汁小さじ1、粉糖大さじ6、乳脂肪分42％の生クリーム100gと47％のもの100gを順に加える。

③ パルスボタンを5〜10秒かけ、止めてフタを開け、ヘラで上下を返す。これを5〜6回繰り返す。

④ 刃が回るようになったら30秒おきにフタを開けてヘラで上下を返す。なめらかになったらジップロックコンテナーに移し、フタをして冷凍庫に一晩おく。

甲州百匁柿のパフェに使うアイスクリームです。ベースは平核無柿です。果肉の色が明るいオレンジ色なので、きれいな色のアイスクリームになります。ただ、平核無柿のみでつくると、百匁柿にあわせるには味わいがややあっさりしすぎているので、百匁柿を1割程度加えています。百匁柿を入れすぎると渋抜きに使った焼酎の匂いが鼻につくので、これ以上は入れません。とろとろのソース状になるまで熟成させたとても甘くて濃厚な状態のものを凍らせてからカットしてフードプロセッサーにかけます。かたくて切りにくければ、少し常温においてから切ってください。（後藤さん）

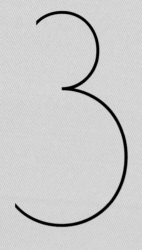

チョコレート、お茶、コーヒーのパフェ

チョコレート

抹茶

コーヒー

紅茶

ショコラティエのチョコレートテクニック

チョコレートはパフェづくりに用いられることの多いアイテム。
ここでは、通年でチョコレートパフェを展開する「ショコラティエ パレ ド オール東京」の
チョコレートづかいのテクニックをご紹介する。

パフェ パレドオール

店名を冠した定番のパフェで、不定期で登場する。アイスクリームはダークチョコレート、ホワイトチョコレート、カカオニブで香りづけしたバニラアイスクリーム、さっぱりとしたダークチョコレートのソルベの4種に、酸味をきかせたベリーと赤ワインのソルベをあわせる。クレーム・シャンティイのかわりにホワイトチョコレートのガナッシュを用いるなど、随所にショコラティエらしさが感じられる構成だ。

上のパフェのラベル:
- アメ細工（薄い円盤状）
- フランボワーズ
- チョコレートの飾り（棒状）
- ベリーと赤ワインのソルベ
- ダークチョコレートのソルベ
- ホワイトチョコレートのアイスクリーム
- チョコレートの飾り（薄い円盤状）
- ホワイトチョコレートのガナッシュ
- カカオ風味のバニラアイスクリーム
- ミルクチョコレートをまとわせたフィヤンティーヌ
- ダークチョコレートのソルベ
- ダークチョコレートをまとわせたグラノーラ
- ホワイトチョコレートのガナッシュ

パフェ パレドオール 〜和栗プレミアム

2017年秋に登場したパフェ。グラスの中は薄いチョコレートの板で仕切られており、左にはチョコレートのソルベ、ホワイトチョコレートと和グリのクリームが、右には和グリのペーストと甘露煮が重ねられている。一方ではダークチョコレートとクリのハーモニーを、もう一方ではクリそのものを存分に味わえる仕立てとなっている。

下のパフェのラベル:
- チョコレートの飾り（円盤状・カカオニブ入り）
- チョコレートの飾り（棒状）
- ベリーと赤ワインのソルベ
- ダークチョコレートのソルベ
- ホワイトチョコレートのアイスクリーム
- ダークチョコレートのガナッシュ
- ホワイトチョコレートと和グリのクリーム
- カカオ風味のバニラアイスクリーム
- ダークチョコレートのソルベ
- ホワイトチョコレートと和グリのクリーム
- ロイヤルティーヌ
- クリの甘露煮（きざむ）
- ホワイトチョコレートと和グリのクリーム
- クリの甘露煮（1個）
- 和グリペースト
- チョコレート（薄い板状）

テクニック1　テンパリング

チョコレートの飾りをつくるためには欠かせない工程。ボウルの中でテンパリングする方法をご指導いただいた。このやり方だと少量のチョコレートでも作業しやすい。

①チョコレートをボウルに入れ、湯煎にかけながら混ぜてとかす。

②完全にとかし、なめらかな状態にする。

③そのまま混ぜながら温め、45～50℃になったら固形のチョコレートを加えて混ぜる。

④チョコレートの温度が31～33℃になったら、成形する。

テクニック2　チョコレートをソルベに仕立てる

乳脂肪が入らない分、すっきりとしてチョコレートのおいしさがストレートに伝わるソルベ。ショコラティエならではの味わいづくりをご紹介する。

①鍋に水、グラニュー糖、バニラビーンズ（タヒチ産）の種とさやを入れ、混ぜながら加熱し、ひと煮立ちさせる。

②ダークチョコレートを湯煎でとかす。

③2に1を少量、漉し入れる。

④泡立て器を大きく動かしてよく混ぜ、分離させる。

⑤ツヤのない、ザラついた状態になる。

⑥残りの約1/3量を加え、泡立て器で小さな円を描くようにして混ぜ、なめらかでツヤのある状態にする。

⑦1をすべて加え混ぜたら、氷水にあてながら混ぜて急冷する。

⑧アイスクリームマシンにかけ、ソフトクリームくらいのやわらかさにする。

三枝俊介さん

1956年大阪府生まれ。大阪・梅田「ホテルプラザ」（閉館）を経て、90年に同・吹田に「メランジュ」を開業。96年にフランス・リヨン「ベルナシオン」で研修。2004年同・梅田に「ショコラティエ　パレ ド オール」を開業。現在7店を経営する。

ショコラティエ　パレ ド オール東京
東京都千代田区丸の内1-5-1
新丸の内ビルディング1F
☎ 03-5293-8877

パルフェ・オ・ショコラ・ア・ラ・トシ

トシ・ヨロイヅカ 東京（鎧塚俊彦）

テーマは"大人のチョコレートパフェ"。メインとなるチョコレートアイスクリームには、自社農園のカカオ豆でつくったチョコレートを使用。苦みと酸味がしっかりと感じられる深い味わいが特徴だ。さらに、異なるベクトルの酸味を持つフランボワーズやアプリコットを合わせることで重層的な酸味を楽しませ、トンカ豆とアニスの甘い香りを添えて、酸味の印象をほどよくやわらげている。

トリュフのパフェ

デセール ル コントワール（吉崎大助）

フランス・ペリゴール産の黒トリュフの官能的な香りを楽しませるパフェ。あわせたのはバニラ、ほうじ茶、赤ワイン、チョコレートと、いずれも香り豊かな素材。トリュフの強い香りを下支えできるよう、どのパーツも香り高く、味わいのしっかりとしたものを吟味して使っている。グリオットチェリーのくっきりとした酸味が全体を引きしめる。

パルフェ・オ・ショコラ・ア・ラ・トシ

トシ・ヨロイヅカ 東京（鎧塚俊彦）

- ◎チョコレートの飾り…適量
- ◎ショコラクリーム…10g
- フランボワーズ…3粒
- フランボワーズのコンフィチュール（p.71）…10g
- ◎トンカ豆のアイスクリーム…40g
- ◎ショコラ・ラング・ド・シャ…適量
- ◎チョコレートのアイスクリーム…40g
- ◎アプリコットのコンポート（縦6分割）…5切れ
- ◎フランボワーズのクーリ…適量

》》》盛りつけ

① 皿にフランボワーズのクーリを塗る。

② グラスにアプリコットのコンポートを入れる。

③ チョコレートのアイスクリームをスプーンで少しずつすくって詰め、表面を平らにならす。

④ くだいたショコラ・ラング・ド・シャをのせ、アイスクリームの表面を覆う。

⑤ トンカ豆のアイスクリームを詰め、表面を平らにならす。

◎チョコレートの飾り
1 カカオバターを湯煎で溶かし、赤い色粉を加え混ぜる。OPPシートに塗る。
2 ダークチョコレート（カカオ分66％・自社製）をテンパリングして1のシートの上に薄く流す。
3 かたまりかけたタイミングで細長い三角形に切る。シートからはがし、OPPシートを巻いた麺棒に赤い方を外側にして巻きつけ、丸く成形する。冷蔵庫で保存する。

◎ショコラクリーム
1 生クリーム（乳脂肪分32％・「あじわい32（明治乳業）」）130g、ハチミツ10g、水アメ10gを沸かし、ダークチョコレート（カカオ分66％・自社製）55gを入れたボウルに注ぎ、混ぜて乳化させる。冷蔵庫に一晩おく。
2 1を105gに対し、生クリーム（乳脂肪分42％）90gを加え、泡立てる。

◎トンカ豆のアイスクリーム
1 卵黄100g、グラニュー糖90g、ハチミツ50gをすり混ぜる。
2 牛乳400g、生クリーム（乳脂肪分32％・「あじわい32（明治乳業）」）200g、トンカ豆（縦半割り）3個分を沸騰寸前まで温めて火を止め、フタをしてトンカ豆の香りをうつす。
3 1に2を少しずつ加え混ぜる。鍋に戻し入れ、82℃まで温める。
4 漉し、氷水にあてて粗熱をとる。アイスクリームマシンにかける。

◎ショコラ・ラング・ド・シャ
1 やわらかくしたバター50gに粉糖50gを加えてゴムベラで混ぜる。
2 卵白50gを溶き、1に少しずつ加えてはよく混ぜ、そのつど乳化させる。
3 薄力粉35gとカカオパウダー15gを合わせてふるい、2に一気に加える。ゴムベラで切り混ぜる。
4 天板にシルパットを敷き、3を薄く広げる。180℃のオーブンで8分焼く。

◎チョコレートのアイスクリーム
1 牛乳180g、生クリーム（乳脂肪分32％）20g、脱脂粉乳10gを30℃に温める。トレモリン18gを加え、45℃に温める。きざんだダークチョコレート（カカオ分66％・自社製）、グラニュー糖23g、イナゲル（伊那食品工業）1.2gを加え、82℃に温める。
2 氷水にあてて粗熱をとり、アイスクリームマシンにかける。

◎アプリコットのコンポート
1 アプリコットは種を抜いて縦6分割する。
2 ボーメ17度のシロップ250gにアニス3gを入れて沸かす。1を入れ、フレッシュ感を残して軽く煮る。

◎フランボワーズのクーリ
1 フランボワーズ（生）をハンドブレンダーでピュレ状にする。

フランボワーズのコンフィチュールをグラスの縁まで入れる。

フランボワーズを3粒のせる。星口金を付けた絞り袋に入れたショコラクリームをフランボワーズの真ん中に絞る。

チョコレートの飾り2つをショコラクリームにさす。チョコレートは赤い方を外側にして互い違いになるように飾る。

トリュフのパフェ
デセール ル コントワール（吉崎大助）

- 金箔…少量
- 黒トリュフ（ペリゴール産）…適量
- ◎バニラのアイスクリーム…35g
- アマンド・キャラメリゼ（p.25）…2g
- ◎チェリーのコンポート…35g
- クレーム・ディプロマット（p.25）…60g
- ◎ほうじ茶のブランマンジェ…35g
- ◎赤ワインのジュレ…25g
- ◎クレーム・ショコラ…25g

〉〉〉盛りつけ

① グラスにクレーム・ショコラを入れて表面をならし、冷蔵庫で冷やしかためる。

② 赤ワインのジュレを1の上に静かに流し、冷蔵庫で冷やしかためる。

③ ほうじ茶のブランマンジェを流し入れ、冷蔵庫で冷やしかためる。

④ クレーム・ディプロマットを絞り入れる。

⑤ チェリーのコンポートをそっとのせる。

◎バニラのアイスクリーム

1 鍋に牛乳1kgと生クリーム(乳脂肪分35%)500gを入れる。バニラビーンズ20gをさいて種を取り出し、さやとともに鍋に加える。火にかけて温める。
2 火からおろし、グラニュー糖290g、水アメ45gを加え混ぜる。氷水にあてて粗熱をとり、冷蔵庫で一晩ねかせる。
3 アイスクリームマシンにかける。

◎チェリーのコンポート

1 鍋に冷凍のグリオットチェリー(ボワロン)1kgと赤ワイン200gを入れて火にかける。45℃になったら火からおろす。
2 グラニュー糖600gのうち一部とHMペクチン12gを混ぜ合わせ、1に加え混ぜる。残りのグラニュー糖も加え混ぜる。粗熱がとれたら冷蔵庫で一晩ねかせる。

◎ほうじ茶のブランマンジェ

1 鍋に牛乳600gと生クリーム(乳脂肪分35%)600gを入れて沸かし、火を止める。グラニュー糖100gと板ゼラチン10gを氷水でふやかしたものを加え混ぜてとかす。
2 ほうじ茶(しもきた茶苑大山)48gを加える。表面をラップフィルムでぴったりと覆い、30〜40分おく。
3 漉し、氷水にあてて粗熱をとる。グラスに流し入れる(盛りつけ3参照)。

◎赤ワインのジュレ

1 鍋に赤ワイン(カベルネ・ソーヴィニョンのもの)350gと水650gを入れて沸かし、アルコールをとばして100gに煮詰める。
2 グラニュー糖100g、板ゼラチン10gを氷水でふやかしたものを加え混ぜてとかす。カシスのピュレ15gを加え混ぜる。
3 氷水にあてて粗熱をとり、グラスに流し入れる(盛りつけ2参照)。

◎クレーム・ショコラ

1 ボウルに卵黄8個とグラニュー糖200gを入れて泡立て器ですり混ぜる。
2 鍋に牛乳1ℓとバニラビーンズ(二番)1本分を入れて沸かす。
3 1のボウルに2を入れて混ぜ、鍋に戻し入れる。中火にかけ、混ぜながら加熱する。
4 90℃になったらチョコレート(カカオ分70%・「ピストール サンドマング」カカオバリー)400gを加えてとかす。泡立て器でよく混ぜて乳化させる。
5 氷水にあてて粗熱をとり、グラスに流し入れる(盛りつけ1参照)。

⑥ チェリーのコンポートの煮汁を、チェリーの間を埋めるように、静かに注ぐ。

⑦ 中央にアマンド・キャラメリゼをのせる。

⑧ バニラのアイスクリームをスプーンでクネルにとり、アマンド・キャラメリゼの上にのせる。

⑨ スライサーで薄く削った黒トリュフをグラスの右半分にのせる。

⑩ バニラのアイスクリームの上に金箔を飾る。

ダム・ブランシュ

パティスリー ＆ カフェ デリーモ（江口和明）

バニラアイスクリームにホットチョコレートソースをかける「ダム・ブランシュ」は、
江口氏の修業先であるベルギーの定番デザート。
バナナとなめらかなショコラクリームを加え、大人のチョコバナナパフェにアレンジしている。

マンハッタンベリー

パティスリー & カフェ デリーモ（江口和明）

ミルフィーユから発想したパフェ。クリームにはトフィークリームを使っている。
トフィークリームは煮詰めたコンデンスミルクをカスタードクリームなどと混ぜ合わせたもので、
ニューヨークではベリーとともにトーストにのせて朝食にする、と知って思いついたネーミング。

ダム・ブランシュ
パティスリー ＆ カフェ デリーモ（江口和明）

- チョコパーツ（P.123）…適量
- バナナ（斜めそぎ切り）…8g
- バニラアイス（市販）…50g
- ◎ショコラクリーム…約60g
- ショコラアイスクリーム（市販）*…約50g
- バナナ（一口大に切る）…30g
- フィヤンティーヌ（「ロイヤルティーヌ（DGF）」・細かくくだく）…10g
- 56％ショコラソース（P.123）…15g
- 56％ショコラソース（P.123）…適量（別添え）

＊：バナナとの相性を考慮し、さっぱりとしてフルーティーな香りで、濃厚すぎないものを選んでいる。

〉〉〉盛りつけ

① 56％ショコラソースを入れたディスペンサーにパフェグラスをかぶせる。

② ディスペンサーとパフェグラスを一緒にひっくり返し、ソースをグラスに入れる。

③ フィヤンティーヌを入れる。

④ 一口大に切ったバナナを入れる。

⑤ ショコラアイスクリームを1スクープ盛る。

⑥ ショコラクリームをグラスの縁の高さまで絞る（口金なし）。

⑦ バニラアイスクリームを1スクープ盛る。

⑧ 斜めそぎ切りにしたバナナを盛る。

⑨ ショコラパーツを飾る。

◎ショコラクリーム

1 鍋に生クリーム(乳脂肪分35%)1kg、水アメ120g、トレモリン100gを入れて火にかける。生クリームは泡立てたものが残っていたらそれを使ってもよい。水アメを使うのはクリームに保形性をもたせるため。トレモリンは離水を防ぎ、保水力を高め、分離しづらくなる。

2 ダークチョコレート(カカオ分66%・「デリーモオリジナルビターチョコレート」)とミルクチョコレート(カカオ分41%・「デリーモオリジナルミルクチョコレート」)各150gをボウルに入れ、700Wの電子レンジに約2分ほどかけて溶かす。湯煎だとボウルの温度が上がりすぎてチョコレートが焦げてしまったり、湯気が入ってザラついた仕上がりになるので、電子レンジで溶かすほうがよい。

3 1が沸いたら(a)、2のボウルに約1/4量を注いで泡立て器で混ぜる(b)。チョコレートが溶けきったら(c)、残りを2回に分けて加え、そのつどよく混ぜる。

4 1をすべて混ぜ終えたらゴムベラに持ちかえ、全体が均一な状態になるまで混ぜる(d)。

5 冷たい生クリーム(乳脂肪分35%)250gを一気に加えて混ぜる(e)。

6 冷蔵庫で一晩やすませる。やすませる前はしゃばしゃばだが(f)、一晩たつととろみがつく(g)。

7 ホイッパーをつけた卓上ミキサーの高速で泡立て、8分立てにする。ホイッパーをミキサーからはずし、手に持って混ぜ、かたさを調整する。ツノがおじぎをするくらいのかたさになればよい(h)。

8 目の粗いふるいと細かいふるいを用意する(i)。ダークチョコレート(カカオ分66%・「デリーモオリジナルビターチョコレート」)適量をフードプロセッサーで粗くくだく。まず粗めのふるいにかけ、ふるいに残ったものを細かめのふるいにかける。ふるいに残ったものをクリームに対して15%加えて混ぜる(j)。

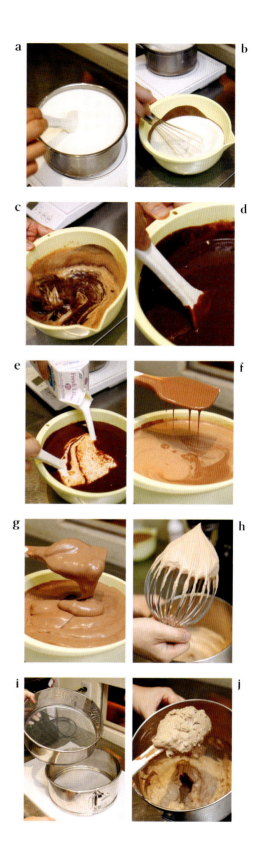

マンハッタンベリー
パティスリー & カフェ デリーモ（江口和明）

- ◎チョコパーツ…適量
- イチゴ（縦4つ割り）…1個分
- イチゴのアイスクリーム（市販）*…適量
- ◎トフィークリーム…60g
- バニラアイスクリーム（市販）…約50g
- イチゴ（縦4つ割り）…1個分
- ◎フイユタージュ…36g
- ◎トフィークリーム…15g
- ラズベリー…3粒
- イチゴ（縦4つ割り）…1個分
- ◎フイユタージュ…12g
- 56％ショコラソース（p.123）…15g
- 56％ショコラソース（P.123）…適量（別添え）

＊：あまおうを使用したもの。

〉〉〉盛りつけ

①	②	③	④	⑤

フイユタージュを大きめに割る。	グラスにカシスソースを入れ、1のフイユタージュを入れる。	イチゴとラズベリーを入れる。	トフィークリームをイチゴとグラスのすき間に3ヶ所くらいに分けて絞る（口金なし。絞り袋の先は小さめに切る）。	大きめに割ったフイユタージュをのせ、軽く押さえる。

◎チョコパーツ

1 ホワイトチョコレート（カカオ分29％・「ネヴェア（ヴェイス）」）適量をテンパリングし、OPPシートを敷いた天板に薄く流す。
2 提供時にほどよい大きさに割る。端をナパージュ・ヌートル＊にくぐらせ、そこにイチゴのフリーズドライ（フレーク状）適量をふって貼りつける。

＊：無色透明のナパージュ。ナパージュはムースや果物の表面を保護したり、ツヤを出したりするために塗るもの。

◎トフィークリーム

1 鍋にグラニュー糖100gを入れて火にかけ、キャラメリゼする。火からおろし、生クリーム（乳脂肪分35％）100gを加え混ぜる。
2 ボウルにコンデンスミルク500gを入れる。1を注ぎ入れて、混ぜ合わせる。
3 耐熱のガラス瓶に移してフタを閉め、湯煎で2時間加熱する。2時間たったら火をとめ、湯につけたまま冷めるまでおく。
4 クレーム・パティシエール（解説省略）をゴムベラで混ぜてほぐす。ほぐしすぎるとゆるくなり、ぷるんとした舌ざわりがなくなるので混ぜすぎないこと。
5 生クリーム（乳脂肪分35％）適量を10分立てにする。ややぼそつくくらいしっかりと立てること。
6 3のクリーム、4のクレーム・パティシエール、5の生クリームを1：2：1の割合で混ぜ合わせる。

◎フイユタージュ

1 バター450gを冷やしておく。
2 フードプロセッサーに溶かしバター40g、中力粉400g、塩10g、水150〜200gを入れて回す。バターが全体に回ったら、粉っぽいところが残っていてもよいので、ひとまとめにして冷蔵庫で一晩やすませる。
3 2を厚さ5〜6mmくらいの正方形にのばす。生地の中央に冷やしておいたバターを置き、四方から生地を折ってバターを包み、生地と生地の端をつまんでとめる。
4 麺棒で厚さ5〜6mmに伸ばして4つ折りし、それを再度繰り返す。ブラストチラーで芯まで冷やす。
5 厚さ5〜6mmに伸ばして4つ折りにし、それを再度、繰り返す。一晩冷蔵庫におく。
6 麺棒で厚さ2mmに伸ばし、フォークかピケローラーでまんべんなく穴を開ける。190℃のオーブンで15分焼く。
7 粉糖をふり、オーブンに戻す。粉糖が溶けたら、さらに2〜3回同じことを繰り返す。繰り返し粉糖をふってキャラメリゼすることで、フイユタージュの表面がしっかりとコーティングされ、食べ終えるまでザクザクとした食感が保てる。

イチゴを入れる。

トフィークリームをイチゴのすき間に絞り入れる。

バニラアイスクリームを1スクープのせ、軽く押さえる。

トフィークリームをグラスとアイスクリームの間に絞り入れる。

イチゴのアイスクリームを1スクープのせ、チョコパーツとイチゴを飾る。

抹茶とほうじ茶のパフェ

トシ・ヨロイヅカ 東京（鎧塚俊彦）

和菓子の浮島をテーマとした皿盛りデザートをパフェにアレンジ。トップに飾ったラング・ド・シャは、島の上に浮かぶ三日月をイメージしている。メインテーマである抹茶はアイスクリームとジェノワーズに、ほうじ茶はアイスクリームに展開。抹茶の苦みとさわやかな香り、ほうじ茶の香ばしい香り、シナモンの甘い香りが調和し、華やかな印象の一品に。

利休

パティスリー & カフェ デリーモ（江口和明）

チョコレートアイスと抹茶アイスを盛り合わせ、ホワイトチョコレートと抹茶のクリームをはさんだパフェ。
食感のアクセントとしてチョコレートのクッキーをくだいて入れている。
名前は、抹茶から「千利休」を連想してつけたもの。

抹茶とほうじ茶のパフェ
トシ・ヨロイヅカ 東京（鎧塚俊彦）

◎ショコラ・ラング・ド・シャ…1枚
◎抹茶アイス…30g
◎カダイフ…適量
和栗のシロップ漬け（市販・4分割）…6切れ
◎モンブランクリーム…40g
◎抹茶のジェノワーズ生地…適量
◎生クリーム（乳脂肪分45％・無糖・9分立て）…適量
小豆の蜜煮（市販）…適量

◎シナモン風味のメレンゲ…適量
◎ほうじ茶のアイスクリーム…30g
◎抹茶のジェノワーズ生地…8g
和栗のシロップ煮（市販・4分割）…6切れ
抹茶…適量

抹茶のジェノワーズ生地を厚さ5mmに切り、直径9cmのセルクルで抜く。直径7cmの半球シリコン型に敷く。小豆の蜜煮を入れ、泡立てた生クリームを縁まで絞り入れる。冷蔵庫で冷やしかためる。47％と乳脂肪分の高い生クリームを使い、保形性を高めている。蜜煮が甘いので、生クリームには加糖しない。

》》》盛りつけ

① 皿に抹茶をふる。

② 和栗のシロップ煮を入れ、抹茶のジェノワーズをちぎってのせる。表面をならす。

③ ほうじ茶のアイスクリームをスプーンで薄くそぐようにすくって盛る。

④ シナモン風味のメレンゲをくだき、ほうじ茶のアイスクリームにのせて表面を覆う。

⑤ 小豆の蜜煮と生クリームを詰めて半球状にした抹茶のジェノワーズ生地をのせる。

⑥ 抹茶のジェノワーズ生地を指で軽く押さえて密着させる。

⑦ モンブランクリームを⑥の上に絞り出す（モンブラン用口金）。

⑧ カダイフをのせ、指で軽く押さえる。

⑨ 和栗のシロップ煮を6切れ飾り、カダイフの上に抹茶のアイスをのせる。

⑩ 抹茶アイスにショコラ・ラング・ド・シャをさす。①の皿にのせる。

◎ショコラ・ラング・ド・シャ
1 厚紙で三日月の型をつくる。ショコラ・ラング・ド・シャ（P.211）の余り生地に型をあて、ペティナイフで生地を切る。

◎抹茶アイス
1 ソース・アングレーズ（p.71）100gと抹茶20gをアイスクリームマシンに入れて回す。

◎カダイフ
1 パート・カダイフを直径約5cmの円盤状に成形して180℃のオーブンで20分焼く。

◎抹茶のジェノワーズ生地
1 鍋に生クリーム（乳脂肪分32％）25g、バター60g、ラム酒3gを入れて火にかけ、バターを溶かす。
2 ミキサーボウルに全卵475g、上白糖232g、ハチミツ13gを入れ、湯煎にかけながら泡立てる。人肌程度まで温まったら、卓上ミキサーにセットし、中高速のホイッパーで泡立てる。
3 かさが増えて、生地が気泡をたっぷりと含んだ状態になり、リボン状にたれるようになったら低速にし、生地のキメが細かくなるまで回す。
4 生地が均一なツヤのある状態になったらボウルに移す（a）。
5 薄力粉195gと抹茶25gを合わせてふるい、4に一気に加え、ゴムベラで気泡をつぶさないようにすばやくすくい混ぜる。ゴムベラは右から左に動かして生地をすくい上げ、左手でボウルを反時計回りに回すと、早く混ぜることができる。
6 生地をひとすくい1の鍋に入れ、しっかりと混ぜる。
7 6の鍋の中身を5のボウルにすべて加える。5と同様に混ぜる。
8 ロール紙を敷いた天板（33×43cm）に生地を移し（b）、ゴムベラで表面をざっとならした後、カードでさらに平らにならす。
9 天板を手のひらにトントンと落として表面を平らにし、180℃のオーブンで18分間焼く。天板からはずし、ロール紙をつけたまま網の上で冷ます。

a　　　　　　　　　　　　b

◎モンブランクリーム
1 クレーム・パティシエール（解説省略）90gに和グリのペースト150gを加え、なめらかになるまでよく混ぜる。

◎シナモン風味のメレンゲ
1 卵白216gを湯煎にかけて人肌程度に温める。トレハロース14gを加え混ぜて溶かす。
2 氷水をあてながら混ぜて冷やし、冷凍庫でキンキンに冷やす。卓上ミキサーの高速で泡立てる。途中、グラニュー糖30gを加える。
3 キメ細かくツヤのある状態になったらはずし、シナモン3.5gを加え、気泡をつぶさないようにすばやくすくい混ぜる。
4 丸口金を付けた絞り袋に入れ、シルパットを敷いた天板に直径約5cmに絞り出す。70℃のオーブンで6分焼く。

◎ほうじ茶のアイスクリーム
1 ソース・アングレーズ（p.71）80gにほうじ茶のシロップ（市販）16gを混ぜる。アイスクリームマシンにかける。

利休

パティスリー & カフェ デリーモ（江口和明）

- チョコパーツ（p.123）…適量
- 粒あん（市販）…10g
- 抹茶アイス（市販）…約50g
- ◎白玉…1個
- ◎ホワイトチョコレート抹茶クリーム…約60g
- ショコラアイス（市販）*…約50g
- ◎ディアマンショコラ（チョコレートクッキー）…1枚
- ◎白玉…2個
- ◎ディアマンショコラ（チョコレートクッキー）…1枚
- ◎白玉…2個
- フィヤンティーヌ（「ロイヤルティーヌ（DGF）」・細かくくだく）…10g
- 56％ショコラソース（p.123）…15g
- 56％ショコラソース（P.123）…適量（別添え）

＊：ベルギーチョコレートを使用しており、後味がくどくなく、チョコレートの味わいがしっかりと感じられるものを選んでいる。

〉〉〉盛りつけ

① グラスに56％ショコラソースとフィヤンティーヌを順に入れる。

② 白玉と粗くくだいたディアマンショコラを順に入れる。

③ 再度、白玉とディアマンショコラを順に入れる。

④ ショコラアイスを1スクープのせ、アイスクリームディッシャーで軽く押さえる。

⑤ ホワイトチョコレート抹茶クリームをグラスの縁の高さまで絞る（口金なし）。

◎白玉
1 ボウルに白玉粉を入れ、耳たぶくらいのかたさになるように水を加えて練る(分量は各適量)。
2 1を直径1.5cmくらいに丸め、沸騰した湯に入れる。浮いてきたらすくい、冷水にとる。
3 冷めたら冷凍保存する。使う日の朝に、凍ったまま沸騰した湯に入れ、浮いてきたら冷水にとり、提供まで水に入れておく。盛りつけの際に水気を拭いて使う。いったん冷凍してからゆでなおすと、当日に生地を仕込んでゆでるよりも、かたくならずにもちもち感が持続する。

◎ホワイトチョコレート抹茶クリーム
1 鍋に生クリーム(乳脂肪分35%)50g、水アメ3g、トレモリン10gを入れて火にかけ、沸かす。生クリームは泡立てたものが余っていればそれを使ってもよい。水アメを使うのはクリームに保形性をもたせるため。トレモリンは離水を防ぎ、保水力を高め、分離しづらくなる。
2 ホワイトチョコレート(カカオ分29%・「ネヴェア(ヴェイス)」)100gをボウルに入れ、700Wの電子レンジに約2分ほどかけて溶かす。湯煎だとボウルの温度が上がりすぎてチョコレートが焦げてしまったり、湯気が入ってザラついた仕上がりになるので、電子レンジで溶かすほうがよい。
3 1が沸いたら、2のボウルに約1/4量を注いで泡立て器で混ぜる。チョコレートが溶けきったら、残りを2回に分けて加え、そのつどよく混ぜる。
4 1をすべて混ぜ終えたらゴムベラに持ちかえ、全体が均一な状態になるまで混ぜる。
5 冷たい生クリーム(乳脂肪分35%)300gを一気に加えて混ぜる。
6 冷蔵庫で一晩やすませる。やすませる前はしゃばしゃばだが、一晩たつととろみがつく。
7 ミキサーボウルに6を必要な量だけ取り分け、クリームの重量の10%の抹茶(製菓用のパウダー)を加え混ぜる。ホイッパーをつけた卓上ミキサーの高速で泡立て、8分立てにする。ツノがおじぎをするくらいのかたさになればよい。
8 ダークチョコレート(カカオ分70%・「アカリグア(ヴェイス)」)適量をフードプロセッサーで粗くくだく。粗めのふるいにかけて残ったものを、さらに細めのふるいにかけ、ふるいに残ったものをクリームに対して15%使う。
9 7に8を加えて混ぜる。

◎ディアマンショコラ
1 ミキサーボウルにバター50gを入れて低速のビーターでポマード状にする。グラニュー糖68gを加え、全体に行きわたるまで低速のビーターで混ぜる。
2 全卵16gを少しづつ加えながら低速のビーターで混ぜ、しっかりと乳化させる。
3 ダークチョコレート(カカオ分70%・「アカリグア(ヴェイス)」)を700Wの電子レンジで1分ほど加熱して溶かし、2に少しづつ加える。
4 全体が混ざったらミキサーから外し、ふるった薄力粉70gを一気に加える。ゴムベラで切り混ぜる。
5 粉気がなくなったら直径2.5cmの棒状にのばして冷凍する。
6 厚さ1.5cmに切り、170℃のオーブンで12〜13分焼く。

抹茶アイスを1スクープのせる。

白玉と粒あんをのせる。

アイスクリームにチョコパーツをさす。

コーヒーとブランデーのパフェ

アトリエ コータ（吉岡浩太）

苦みをいかしたコーヒーのグラニテ、ブランデーをきかせたクリーム、
濃厚なチョコレートのムースとソースで構成する大人の味わい。
パッションのアイスクリームと赤ワインソースでキレのよい酸味を加え、軽やかさを添えている。

ロイヤルミルクティー

パティスリー & カフェ デリーモ／江口和明

大好きなロイヤルミルクティーをショコラティエらしいパフェに仕立てようと考案。
洋ナシのコンポート、ジャンドゥーヤ入りのショコラアイスと合わせて、
シックで香り豊かな味わいにまとめ上げている。

コーヒーとブランデーのパフェ
アトリエ コータ（吉岡浩太）

- ◎チョコレートの飾り…7g
- ◎ブランデークリーム…10g
- ◎チョコレートムース…35g
- パイ生地（直径8cm・解説省略）…1枚
- 生クリーム（7分立て・p.33）…少量
- ◎チョコレートソース…7g
- 生クリーム（7分立て・p.33）…5g
- ◎ブランデークリーム…25g
- ◎パッションのアイスクリーム…35g
- ◎コーヒーのグラニテ…50g
- スポンジ生地（直径4cm・厚み1cm・解説省略）…1枚
- ◎ブランデークリーム…25g
- ◎赤ワインソース…5g

>>> 盛りつけ

① グラスに赤ワインソースを入れる。

② ブランデークリームをすくい入れる。

③ スポンジ生地をクリームにのせ、指で少し押してクリームを広げる。

④ コーヒーのグラニテをスプーンでかき、グラスに入れる。

⑤ パッションのアイスクリームをスプーンでクネルにとり、グラニテにのせる。フォークも使って安定させるとよい。

◎チョコレートの飾り
1 ダークチョコレート（カカオ分55％・「エクアトリアール・ノワール（ヴァローナ）」）をテンパリングする。
2 台にフィルム（カットケーキの断面に巻く用のもの）を敷き、1を少量流す。三角コームでのばして線状にする。
3 チョコレートがかたまりかけたら、フィルムをらせん状にひねり、そのままチョコレートを冷やしかためる。冷暗所で保存し、盛るときにフィルムをはがす。

◎ブランデークリーム
1 泡立てた生クリーム（p.33）50gにブランデー15gを加え混ぜる。ゆるくなってしまったら泡立てなおす。

◎チョコレートムース
1 鍋にダークチョコレート（カカオ分55％・「エクアトリアール・ノワール（ヴァローナ）」）560gと牛乳500gを入れて火にかける。チョコレートが溶けてきたら混ぜながら温め、ひと煮立ちさせる。
2 板ゼラチン13.2gを氷水でふやかしたものを加えて溶かす。氷水にあてながら混ぜ、粗熱をとる。
3 生クリーム（乳脂肪分38％）をツノが立つまで泡立て、2と混ぜる。冷蔵庫で冷やしかためる。

◎チョコレートソース
1 ダークチョコレート（カカオ分55％・「エクアトリアール・ノワール（ヴァローナ）」）を溶かし、同量の生クリーム（乳脂肪分38％）を加え混ぜる。

◎パッションのアイスクリーム
1 バニラアイスクリーム（p.77）のマシンにかける前の状態のもの700gにパッションフルーツのピュレ（ボワロン）150gを加え混ぜる。アイスクリームマシンにかけ、粒子が細かくなり、たらすとぼとっと落ちるかたさになるまで回す。

◎コーヒーのグラニテ
1 鍋に水850g、インスタントコーヒー（粉末）240g、グラニュー糖150g、ブランデー40gを入れて火にかけ、ひと煮立ちさせる。
2 氷水をあてながら混ぜて粗熱を取り、保存容器に移す。冷凍庫で冷やしかためる。

◎赤ワインソース
1 鍋に赤ワイン750g、グラニュー糖200g、バニラビーンズ（二番）1本、レモンとオレンジの皮のすりおろし各1/10個分を入れて中火にかけ、粘りがでるまで1時間ほど煮詰める。

ブランデークリーム、生クリームを順にスプーンですくい入れ、チョコレートソースを流す。

パイ生地に生クリームをぬり、ぬった面を下にしてグラスにのせる。

チョコレートムースをクネルにとってパイの上にのせ、ブランデークリームをかける。

チョコレートの飾りを、ブランデークリームとチョコレートムースにさして盛りつける。

ロイヤルミルクティー

パティスリー & カフェ デリーモ（江口和明）

- チョコパーツ（p.123）…適量
- ◎洋ナシのコンポート…20g
- ◎ジャンドゥーヤ入りショコラアイス…約50g
- ◎ロイヤルミルクティークリーム…60g
- 56％ショコラソース（p.123）…15g（別添え）

- ロイヤルミルクティーアイス（市販）*…約50g
- ◎洋ナシのコンポート（一口大）…50g
- ◎ブラウニー（約1〜2cm角）…40g
- ◎洋ナシのコンポート（一口大）…50g
- ◎ブラウニー（約1〜2cm角）…40g
- フィヤンティーヌ（「ロイヤルティーヌ（DGF）」・細かくくだく）…10g
- 56％ショコラソース（p.123）…15g

＊：アールグレイ茶葉使用で、しっかりと茶葉の味わいが感じられるもの。

盛りつけ

① グラスに56％ショコラソースとフィヤンティーヌを順に入れる。

② ブラウニーと洋ナシのコンポートを順に入れる。

③ 再度、ブラウニーと洋ナシのコンポートを順に入れる。

④ ロイヤルミルクティーアイスを1スクープ入れ、アイスクリームディッシャーで軽く押さえる。

⑤ ロイヤルミルクティークリームをアイスクリームの上に絞る（口金なし）。

⑥ ジャンドゥーヤ入りショコラアイスを1スクープのせる。

⑦ くし形切りにした洋ナシのコンポートをアイスクリームの脇に飾る。

⑧ チョコパーツを飾る。

◎洋ナシのコンポート

1 グラニュー糖と水各適量を1：2の割合で合わせて沸かしてシロップをつくり、沸いたところに洋ナシ（缶詰）、バニラビーンズ、アールグレイのリキュール（「トックブランシュ ティ・アールグレイ（ドーバー）」各適量を入れる。シロップは洋ナシが完全にひたるくらいの量を用意すること。

2 火からおろし、そのまま1週間おく。

～～～～～～～～～～～～～～～～

◎ジャンドゥーヤ入りショコラアイス

1 ジャンドゥーヤをつくる。ヘーゼルナッツ（イタリア・ピエモンテ産）とグラニュー糖を1：2の割合で用意する。グラニュー糖に適量の水を加えて沸かし、121℃になったらローストしたアーモンドを加える。そのまま火にかけてキャラメリぜし、ほどよい焦げ色がついたら大理石の上に取り出して冷ます。さわれるくらいの温度になったら薄く広げて常温になるまでおく。フードプロセッサーにかけてペースト状にする。

2 ショコラアイス（市販。ベルギーチョコレートを使用のもの。後味がくどくなく、チョコレートの味わいがしっかりと感じられる）適量に**1**のジャンドゥーヤ適量を混ぜ合わせる。

～～～～～～～～～～～～～～～～

◎ロイヤルミルクティークリーム

1 鍋に生クリーム（乳脂肪分35%）1kgを入れて火にかけ、沸いたらアールグレイ茶葉（「アイリッシュモルト（ロンネフェルト）」22gと「オーガニックアールグレイ（アートオブティー）」15g）を加えてフタをし、約3分蒸らす。

2 ひと煮立ちさせて漉し、水アメ50g、トレモリン50g、トレハロース65gを加え混ぜる。水アメを使うのはクリームに保形性をもたせるため。トレモリンは離水を防ぎ、保水力を高め、分離しづらくなる。

3 ホワイトチョコレート（カカオ分29%・「ネヴェア（ヴェイス）」）340gをボウルに入れ、700Wの電子レンジに約2分ほどかけて溶かす。湯煎だとボウルの温度が上がりすぎてチョコレートが焦げてしまったり、湯気が入ってザラついた仕上がりになるので、電子レンジで溶かすほうがよい。

4 **3**のボウルに**2**を約1/4量を注いで泡立て器で混ぜる。チョコレートが溶けきったら、残りを2回に分けて加え、そのつどよく混ぜる。

5 **2**をすべて混ぜ終えたらゴムベラに持ちかえ、全体が均一な状態になるまで混ぜる。

6 冷たい生クリーム（乳脂肪分35%）255gを一気に加えて混ぜる。

7 冷蔵庫で一晩やすませる。やすませる前はしゃばしゃばだが、一晩たつととろみがつく。

8 ホイッパーをつけた卓上ミキサーの高速で泡立て、8分立てにする。最後はミキサーからはずし、ホイッパーを手に持って混ぜてかたさを調整する。ツノがおじぎをするくらいのかたさになればよい。

9 ダークチョコレート（カカオ分70%・「アカリグア（ヴェイス）」）適量をフードプロセッサーで粗くだく。粗めのふるいにかけて残ったものを、さらに細かめのふるいにかける。ふるいに残ったものをクリームに対して15%加え、混ぜる。

～～～～～～～～～～～～～～～～

◎ブラウニー

1 ダークチョコレート（カカオ分70%・「アカリグア（ヴェイス）」）125gとミルクチョコレート（カカオ分41%・「デリーモオリジナルミルクチョコレート」）125gを電子レンジにかけてとかす。

2 フードプロセッサーで、**1**、バター450g、全卵450g、グラニュー糖255g、アーモンドプラリネ66g、アーモンドパウダー500gを混ぜる。

3 天板に広げ、きざんだクルミ250gをちらす。180℃のオーブンで約25分焼く。

店舗紹介

アステリスク

東京都渋谷区上原 1-26-16 タマテクノビル 1F
☎ 03-6416-8080

パフェは開業当時から提供。パフェに取り組むパティスリーの先駆けである。パフェの構成が現在のスタイルになったのは 2014 年から。イートインスペースが連日フル回転するほどの人気があるにもかかわらず、提供は夏季のみ。通年で提供してほしいという声も多いが、季節感を大切に考え、9月に入ったらきっぱりとメニューから下げる。

パフェを提供するようになったきっかけは、夏の売り上げ減対策。パティスリーのかき氷が話題になった頃だったが、「すでに人がやっているものに取り組むのは面白くない」として、当時はやや古びたイメージのあったパフェに着目。表参道や青山といった華やかなエリアからほど近いが、住宅街としての側面も持つ代々木上原という立地に、パフェの持つカジュアルさと非日常感のバランスがほどよいと感じた。また、スタッフにパティスリーの仕事を全ジャンル経験させるため、アイスクリームを手がけたかったこともある。もともとケーキに使っているパーツで構成し、気軽に食べてもらえるよう 1000 円以内の価格設定としている。ただし、注文が入ってからパイを温め、ソースをつくってかける手間は惜しまない。パフェのラインナップはマンゴー、カシスマロン、フレーズの3種で、5種のアイスクリームから2種を選ぶ構成。アイスクリームは溶けて形が崩れないようグラスの中に盛る。そのためグラスは高さがあり、かつ、食べやすいように間口が広いものをチョイス。生クリームはソフトクリームのあっさりとした味わいをイメージして乳脂肪分や甘さを調整している。

マンゴーパフェ
→ P.41

カシスマロンパフェ
→ P.118

和泉光一さん

1970 年愛媛県生まれ。「成城アルプス」などを経て、「サロン・ド・テ・スリジェ」のシェフ・パティシエを9年間つとめる。3年間の充電期間の後、2012 年5月に「アステリスク」を独立開業。

苺とローズマリーの
ロゼサバイヨン
→ P.29

ピスタチオと杏のパフェ
→ P.176

コーヒーとブランデーのパフェ
→ P.226

チョコミントチェリーのパフェ
→ P.74

アトリエ コータ

東京都新宿区神楽坂6-25
☎ 03-5227-4037

東京・神楽坂の路地裏に店を構えるパティスリー&サロン。店内奥のカウンター席では、オーダーごとに目の前でつくられる、できたてのデザートを楽しむことができる。腕をふるうのはオーナーシェフの吉岡浩太さん。イギリスの星付きレストランなどでデザートをつくってきたパティシエだ。パフェに取り組みはじめたのは2014年。お客に頼まれてはじめたのがきっかけだった。そのうち、パフェを食べたいと訪れるお客が多くなり、いまでは季節がわりで2〜3品をメニューにのせる。
「デザート専門店には食事をすませた方も来店されますが、空腹で訪れるお客さまも多いため、あるていどのボリュームがないと満足感が出せません。しかし、皿盛りデザートは量が多いと見た目がすっきりとせず、おいしそうにみえない。その点、パフェはボリュームを出しても美しく盛ることができるところが魅力」(吉岡さん)。また、ツーオーダーでつくるメリットを大切に、できたての温かいものと冷たいものとを盛りあわせて温度差を楽しませる。パフェグラスにはワイングラスを使い、レストランデザートの世界でつちかったセンスで、グラス内の空間を美しく生かして盛りつける。パフェの面白さはパーツとパーツの味が混ざって生まれる無数の味わいであり、お客によってどこから食べ進めるかがことなる、自由度の高いデザートであるところだと考える。そのため、構成要素は少なめに絞りこみ、どのパーツが混ざってもおいしい構成であることを意識する。

吉岡浩太さん
1980年神奈川県生まれ。「明治記念館」「ゴードン・ラムゼイ・アット・コンラッド東京」「ラ・ノアゼット」(イギリス・ロンドン)などを経て、2012年に独立開業。

カフェコムサ 池袋西武店

東京都豊島区南池袋1-28-1 池袋西武本店 本館7F
☎ 03-5954-7263

国産の希少性の高いフルーツを使ったケーキを主軸商品とするカフェコムサ。中でも、池袋西武店はパフェに特化した専門店だ。フルーツはときには果物農家と直接取り引きすることもあり、上質なフルーツやめずらしい品種が手に入りやすい。それらのフルーツを、他の系列店とはことなるパフェという形に落とし込んで提供するのが池袋西武店の特色。

パフェのデザインにはなみなみならぬこだわりを持ち、フルーツの形や色の美しさを存分に生かしきることを心がけている。

今回ご紹介いただいた4品は、グラスの中には角切りのフルーツ、パイ生地とスライスアーモンド、アイスクリーム、生クリームを重ね、上にはさまざまにカッティングしたフルーツを華やかに盛りつけるという構成。グラスの中にはフルーツの薄切りを貼り付けており、横から見てもその美しさを楽しめる。現在、新メニューのパフェの構成とデザインを考えるのは、店長の佐野さんと、今回技術指導をご担当くださった加藤さん。パーツが少ない分、どのフルーツにどのようなアイスクリームをあわせるかは味づくりの面で要になる点だという。また、デザインを考えるうえでは、花をイメージし、見た目でもお客の心を動かせるものを、という点を大切にしている。デザインを重視しすぎて味わいがおろそかにしないことやボリューム感を出すことも重要視しているポイントだ。

マンゴーローズブーケのパフェ
→ P.46

3種の利きいちじくパフェ
→ P.65

洋梨といちごのパフェ
→ P.101

スイカとチョコレートのパフェ
→ P.193

加藤侑季さん

埼玉県生まれ。調理専門学校卒業後、パティスリー2店で販売と製造を経験。2012年にカフェコムサ池袋西武店に入店し、パフェの製造にたずさわる。

235

旬の苺のロザス仕立て
→ P.142

苺とピスタチオムースの
フレジエ風
→ P.144

酒粕 "花垣" のジェラートと
梅のコンフィチュールと
エルダーフラワーゼリー
焼道明寺と柚子の香りの
紫陽花仕立てのパフェ
→ P.145

丹波の黒豆モンブラン、
落日のパフェ仕立て
きな粉と柚子の香り
→ P.145

2 種葡萄のエカイユ仕立て モスカートダスティのジュレと
クレーム・シトロンのパフェ → P.143

ルビーポルト酒で低温マリネしたりんごのブーケスタイルパフェ
カルバドスアイス → p.143

河内晩柑の軽いマリネ、揺蕩う (たゆたう) ヴィネガーフラワーゼリーと
クランブル入り、レアチーズのパフェ → P.143

茨城県産紅はるかで作った干し芋餡とカシス お米のジェラートの
モンテビアンコ パフェスタイルで → P.144

純米大吟醸のサヴァラン 福井県鯖江の酒粕のガナッシュとジェラート、
京都宇治濃茶のソルベのパフェ → P.144

さつま芋と林檎、ラフロイグ (ウイスキー) のスモーキーな香りで
「秋」の情景を表現したパフェ → p.145

カフェ中野屋

東京都町田市原町田4-11-6 中野屋新館1F
☎なし

JR・小田急町田駅から徒歩4分。大通り沿いに立地するカフェには、連日朝から行列ができる。パフェとうどんの店、カフェ中野屋に入店するため、整理券を求めて並ぶお客の列だ。夏季には開店前にその日の分がなくなることも少なくない。2005年のオープン以来、パフェと真摯に向き合い続けてきた店長森 郁磨さんがつくり出す、まったく新しいパフェのあり方に魅せられる人は、いまも後を絶たない。

常時14種をそろえるパフェのメニューを見たお客は、まず、そのメニュー名の長さに驚かされる。メニュー表は文字だけで、写真はない。これはフランス料理店で食事をするときのように、メニュー名から想像をふくらませることをも楽しんでほしいと考えてのこと。リンゴやイチゴを薄くスライスし、花束のように美しく盛りつけたパフェや、富士山や石庭などの日本の風景を表現したパフェ、サヴァランやモンテビアンコなどの古典菓子を日本というフィルターを通して再構築したパフェなど、独自のクリエイションは食べる者に強烈な印象を残す。また、イチゴのパフェは食べ進むうちに、中から温かいイチゴのリゾットがあらわれたり、モンブランクリームは干し芋を牛乳でもどしてペースト状にしてつくったりと、料理人としての素養と経験をあますところなく生かし、味わいの面でも世界のどこにもない驚きを訴求する。パフェという日本生まれの文化の世界を深め、広げていく森さんの試行錯誤はこれからも続く。

森 郁磨さん

1978年神奈川県育ち。ホテルニューオータニの調理部門、町田市内のイタリアンレストラン勤務を経て、町田の老舗和菓子店「中野屋」が経営する「カフェ中野屋」に立ち上げから関わる。

※ 2019年1月に閉店。森さんは「ラトリエ ア マ ファソン」を開業 (東京都世田谷区上野毛1-26-14、latelieramafacon.com)。

千疋屋総本店フルーツパーラー
日本橋本店

東京都中央区日本橋室町2-1-2 日本橋三井タワー2F
☎ 03-3241-1630

創業は江戸時代。1834年に武蔵国埼玉郡千疋の郷の侍、大島弁蔵が葺屋町（現日本橋人形町3丁目）に青物商として開業。店名は出身地の「千疋」から。明治20年にフルーツパーラーの前身である果物食堂を開店。進物用の高級果物商の草分け、千疋屋のフルーツを楽しめる場所として、現代にいたるまで多くのファンを持つ。客層は老若男女幅広いが、最近はパフェを楽しむ男性のひとり客が増えているという。

パフェは「千疋屋スペシャルパフェ」「マスクメロンパフェ」「バナナチョコレートパフェ」を通年提供。月がわりで、栗、イチゴ、モモ、マンゴーなど季節のフルーツのパフェを1品用意。品数を絞りこみ、高いクオリティを維持している。

千疋屋スペシャルパフェは3種のアイスクリームと2種のソースを重ね、グラスの上に大ぶりにカットしたフルーツを放射状に飾るというスタイル。これはフルーツパーラー全店を統括する両角 剛さんが15年前に考えたもの。シンプルな構成、味わいにまとめることで千疋屋が誇るフルーツの味わいを主役にすえた。3年前にはマスクメロンパフェとバナナチョコレートパフェをリニューアル。フルーツの量を倍に増やし、より果物専門店としての強みを訴求する仕立てにした。今回の取材で技術指導をご担当くださった日本橋本店の井上さんが日々意識しているのは、グラスの中の層を美しく出すこと、フルーツの熟し具合をひとつずつ確認すること、美しくカットすること、大きく広がりが感じられるよう盛りつけること。何年パフェをつくり続けても、日々新たな発見があるという。

千疋屋スペシャルパフェ
→ P.83

マスクメロンパフェ
→ P.130

バナナチョコレートパフェ
→ P.136

井上亜美さん
1986年、千葉県生まれ。フルーツに関わりたいと千疋屋総本店に入社し、日本橋本店のフルーツパーラー勤務に。2016年より同店アシスタントマネージャー。

タカノフルーツパーラー

東京都新宿区新宿 3-26-11 5F
☎ 03-5368-5147

新宿高野の前身である「高野商店」が大正15年に開いたフルーツパーラー。進物用の高級果物問屋として発展してきた新宿高野のフルーツを楽しめる場所として、一年中、お客がたえない。

パフェは3品のレギュラーメニューに加え、季節がわりの商品が5品ほど。桃やイチゴといったパフェの定番フルーツはもちろんのこと、柑橘類、柿、梨、キウイなど、あまり用いられないものでもパフェとして成り立たさせてしまうのは、フルーツを知りつくし、長年パフェに力を入れてきた老舗なればこそ。

パフェのメニュー提案は全店舗のスタッフ全員がアイデアを出すことができ、それをもとにチーフの森山さんが構成を決める。基本のフォーマットは、グラスの中にゼリー、ムースなどのクリーム類、グラニテを重ね、上にシャーベットとたっぷりのフルーツをのせるというもの。底にゼリーを入れるのは、さっぱりとした後口にするため。ゼリーの中には小さく切ったフルーツを入れ、最後の一口がフルーツで終わるようにしている。また、クリーム類は糖度と乳脂肪分をひかえ、フルーツの甘味と酸味をあくまで生かす。グラニテは50gとたっぷり使い、果肉とはひと味ちがった魅力を楽しめる仕立てとしている。「食べられない部分は飾りだとしても入れない」のもポリシー。選び抜かれた食べごろのフルーツだけを、もっともおいしく食べられる状態にカッティングして盛りあわせ、提供する。

山梨県産白桃のパフェ
→ P.16

静岡県産マスクメロンのパフェ
→ P.125

ビオレソリエスのパフェ
→ P.69

シャインマスカットと
ピオーネのパフェ
→ P.53

栃木県産スカイベリーのパフェ→ P.40
宮崎県産マンゴーのパフェ→ P.47
フルーツパフェ→ P.83
デコポンと国産柑橘のパフェ→ P.156
シナノスイートととちおとめのパフェ→ P.184
和梨のパフェ→ P.185
キウイのパフェ→ P.192

森山登美男さん

1957年神奈川県生まれ。実家は青果店。1978年に入社。フルーツクチュリエチーフとしてメニュー開発の総責任者をつとめ、講習会なども行なう。著書に『フルーツパーラー・テクニック カッティングと盛り付けとデザートと役立つフルーツ図鑑』(柴田書店)など。

山形由香理さん

1982年埼玉県生まれ。製菓専門学校卒業後、パティスリー勤務を経て、2003年タカノフルーツパーラーに入店し、新宿本店に勤務する。本書では盛り付けの技術指導をご担当いただいた。

デセール ル コントワール

東京都世田谷区深沢 5-2-1
☎ 03-6411-6042

セルリアンタワー東急ホテルのシェフパティシエを4年半務めた吉崎大助さんが、2010年に駒沢公園近くの住宅街にオープンしたデザート専門店。場所は東急田園都市線駒沢大学駅と東急大井町線等々力のちょうど中間あたり。どの駅からも遠い立地ながら、熱狂的なファンを多く持つ。客席はカウンター7席。完全予約制のデザートコースのみの展開で、すべてのデザートを吉崎さんがお客の目の前で仕上げて提供する。現在、新規のお客が予約をとるのはとても難しい状況だ。

パフェは数年前からリクエストの多いジャンルで、一定のファンがついており、不定期でパフェを提供する会を催している。開催日は客席を5〜6回転させ、のべ40〜50人ほどが訪れるが、予約は常連客であっという間に埋まってしまう。通常のデザートコースは、仕立ての面白さや味わいの驚きを大切にした遊び心あふれる構成が特長だが、パフェの場合はなにはさておき、まずフルーツをたっぷりと食べさせることをテーマとする。取り組むのはモモ、イチゴ、サクランボなど。食べやすさは度外視して、旬のとびきりおいしいフルーツをたっぷりと盛り、ストレートなインパクトを打ち出す。今回ご紹介いただいたパフェのうち、「イチゴのパフェ」は、店舗でも実際に提供しているスタイルでおつくりいただいたが、それ以外は本書のためにご考案いただいたもの。デザート専門店ならではの盛りつけのテクニック、味や香りの組みあわせを駆使し、パフェに新しい視点を持ちこむつくりとなっている。

イチゴのパフェ
→ P.22

ピスタチオと
グレープフルーツのパフェ
→ P.165

トマトとバジルのパフェ
→ P.171

トリュフのパフェ
→ P.209

吉崎大助さん

1975年東京都生まれ。印刷会社勤務を経て、パティシエに。「パーラーローレル」で修業を積み、セルリアンタワー東急ホテルでシェフパティシエを務める。2010年に独立開業。

トシ・ヨロイヅカ 東京

東京都中央区京橋 2-2-1 京橋エドグラン 1F
☎ 03-6262-6510

東京・六本木のミッドタウン店、同・八幡山のアトリエ、神奈川・小田原の一夜城トシ・ヨロイヅカファームに続き、2016年にオープンした新店。1階ではケーキ、チョコレートのほかにパンも販売し、イートインスペースを併設。2階はカウンターデザート専門店でデザートコースを提供する。

デザートコースのメインの品のうちのひとつとして用意するのがパフェ。パフェは1号店である恵比寿店を開業した頃から鎧塚さんが取り組んでいるジャンル。大切にしているのは子どもの頃、パフェを食べるときに感じたワクワクする気持ちだ。メニューに写真をのせないのも、そのため。カウンターの中でつくり上げられていく面白さや、目の前に運ばれてきたときの驚きを大切に考えているからだ。また、デザインの上でもサプライズ感を重要視。抹茶入りのジェノワーズ生地に生クリームとあんこを包んでドーム状に成型し、大きな三日月形のサブレをさしたりと、高さがあってインパクトのあるデザインで楽しませる。

味わいの面でいうと、「パフェはグラスに盛りつけるので、思いのほか1人分の量が多くなる」(鎧塚さん)ため、最後までおいしく食べきれるよう重ねる順番や全体の味わいのバランスを考え、食感にアクセントをつけることが重要だと考える。また、きっちりと層を重ねていくプチ・ガトーとはことなり、「層と層の境目が自然に混ざりあうところがナチュラルでおいしそうに見える」として、あまりきっちり盛りすぎず、自然な美しさが出るよう心がけている。

パルフェ・オ・ショコラ・ア・ラ・トシ
→ P.208

抹茶とほうじ茶のパフェ
→ P.220

パルフェ・オ・ムーラン
→ P.131

イチジクのパフェ
→ P.68

鎧塚俊彦さん
1965年京都府生まれ。大阪と神戸のホテルを経て渡欧。スイス、オーストリア、フランスなどで8年修業。2002年に帰国し、企業のアドバイザーなどをつとめた後、04年に独立。

ノイエ

東京都世田谷区三軒茶屋 2-38-10
※ 2021年に上記に移転。

下北沢の路地裏に、自然派ワインとつまみ、デザートを楽しめる店として2016年6月にオープン。オープン当初はサラダやパテなども出していたが、デザートを頼むお客の割合が増え、しだいに焼き菓子のテイクアウトとデザートの専門店に。なかでもパフェはこれを目当てに遠方から訪れるお客も多く、10席の客席は連日ほぼフル回転している。

開店当初からの定番はレモンのパフェ。レモンというとソルベにすることが多いが、あえてミルクアイスクリームに仕立て、なつかしさを感じるやさしい味わいに。グラスの中にはしっかりと酸味をきかせたレモンカードを入れ、さっぱりとして軽やかな味わいにまとめている。このパフェにおいてアクセントとなっているのが、ザクザクとした粗い食感のクランブル。塩気がしっかりと感じられるくらい岩塩をきかせ、味と食感の2方向におけるフックとしている。パフェの味づくりにおいて意識しているのは、このレモンのパフェのように甘いだけのパフェにしないことだという。たとえばカラメルはギリギリまでしっかりと焦がして苦みをきかせるし、柑橘のパフェには酸味と食感のアクセントにパッションフルーツをソースがわりにかけることも。

パフェに主に使っているグラスは浅くて丸いアイスクリームグラス。グラスの上の空間を広く大きく使えるため、盛りつけの自由度が高い。パフェを考えるときには盛りつけから入ることも多く、かわいらしさのあるデザインを心がけている。

レモンのパフェ
→ P.164

栗のパフェ
→ P.112

イチゴのサントノーレ
→ P.28

紅まどんなのパフェ
→ P.170

菅原尚也さん
1988年山形県生まれ。高校卒業後、工場勤務を経て上京。カフェやレストランなどでホール、調理、製菓を担当した後、東京・渋谷「リベルタン」のスタッフに。2016年独立開業。

パティスリィ アサコ イワヤナギ

東京都世田谷区等々力 4-4-5
☎ 03-6432-3878

東急大井町線の線路沿いにたたずむシンプルでシックなパティスリー。「パティスリィ・ボン・クーフゥ」のシェフとして活躍した岩柳麻子さんが、夫で一級建築士の宿澤巧さんとともに 2015 年に独立開業した。店には、染織家を志したこともある岩柳さんのセンスが生み出したケーキや、宿澤さんの実家である山梨県・宿沢フルーツ農園の果物を使ったジェラートが並ぶ。24 席のカフェスペースが併設され、人気メニューはパフェ。ハイジュエリーをイメージしてつくるパフェは、ドリンクとセットで 2500 〜 3000 円で提供。季節がわりで常時 2 品を用意する。ドリンクはデザートワインやスパークリングワインといったアルコールをはじめ、オーガニックのハーブティーなど 25 種類から選べる。

パフェは宿沢フルーツ農園のフルーツをいかにおいしく食べてもらうか、が出発点。「果物はかじりつくところにおいしさがある」として、大きく切ってたっぷりと盛る。また、昔ながらのパフェの構成要素は用いたくないと、生クリームは使わず、フルーツの味わいにあわせてヨーグルト、マスカルポーネ、クレーム・ドゥーブルなどの乳製品を使い分ける。ソースは全体のさし色と味わいのアクセントとして最後に決めることが多く、グラスの底には必ずさわやかな風味のジュレとフルーツを入れ、後口をさっぱりと終わらせる構成に。モモとカモミール、ブドウとピスタチオといった意外な相性のよさを独自の感性で見つけ出す。

パルフェビジュー ペシュ
〜カモミールミルクジェラートとともに〜
→ P.8

パルフェビジュー レザン
〜ピスタチオジェラートとともに〜
→ P.58

パルフェビジュー ポワール
→ P.106

岩柳麻子さん
1977 年東京生まれ。専門学校桑沢デザイン研究所で染織を学んだ後、製菓の道へ。友人とともに開業した「パティスリィ・ドゥ・ボン・クーフゥ」を経て、2015 年に独立開業。

パティスリー ビヤンネートル

東京都渋谷区上原 1-21-10
☎ 03-3467-1161

レストランでデザートづくりにたずさわっていた馬場麻衣子さんが2010年に代々木上原に開業。パフェには開業当時から取り組む。メニューは月がわりで1品。モモとピスタチオ、プラムとカシス、といった風に2種の素材を柱とし、組み合わせと構成を毎年変えて提供する。構成のメインとなるのはフルーツ1〜2種とジェラート2種。そこに、ジュレやブランマンジェ2〜3種、サクサクとした食感のシュトロイゼルやフィユタージュ、ソースなどをあわせ、仕上げにメレンゲやチョコレートなどを飾る。ほしい食感や味わいを盛りこむうちに、1つのパフェに20種前後のパーツを使う構成になっていたという。下がふくらんだ特徴的な形のグラスはイタリア製。食べ進むごとにいろいろなものが出てくるワクワク感を味わってもらえるようにと探してたどりついた。「パフェはフルーツをさまざまな形で味わわせるもの」という思いから、フルーツは愛媛県のいくつかの農園から直接仕入れている。また、パフェをつくり続けるうちにジェラートも自ら手がけたいという思いが強くなり、2017年にはジェラート専門店「フロート」を近隣に開業。ジェラートには香りの強い品種を使い、フレッシュで使うには甘みのある品種を選ぶなど、より繊細な表現が可能になった。数種盛りこむジュレ類は、すっと口に広がってほしい味のものには少なめのゼラチンを、噛みしめて味を行きわたらせてほしいものにはアガーを、と凝固剤を使い分け、細部まで心を配る。

ペッシェ ピスターシュ
→ P.9

プラムカシス
→ P.177

和栗と赤スグリ
→ P.113

葡萄とプラリネノワゼット
→ P.59

馬場麻衣子さん
1977年京都府生まれ。都内レストラン勤務の後「レストラン サンパウ」のシェフ・パティシエに。2010年「パティスリー・ビヤンネートル」を、2017年に「フロート」を開業。

パティスリー＆カフェ デリーモ
東京ミッドタウン日比谷店

東京都千代田区有楽町 1-1-2
東京ミッドタウン日比谷 B1F
☎ 03-6206-1196

「デリーモ」は、スイーツ事業を展開する（株）ブロードエッジ・ファクトリーが 2013 年 12 月に開業。数々のショコラトリーで経験を積んだ江口和明さんをシェフパティシエに迎えて立ち上げたブランドだ。コンセプトは「ショコラティエがつくるパティスリー」。パフェは通年で人気のあるアイテム。パフェの構成は全品に共通のフォーマットがあり、グラスの上にはチョコレートの飾りをさしたアイスクリームとフルーツをのせ、グラスの中には、チョコレートクリーム、アイスクリーム、フルーツ、フィヤンティーヌ、チョコレートソースを重ねる。すべてのパフェに温めたチョコレートソースを添え、好みのタイミングでかけて、温度差による変化を楽しんでもらう。パフェの魅力は、こうした味わいの変化をどうつくりあげていくかにあると江口さんは語る。また、プチガトーはサイズを大きくすることにも限界があり、1 個あたりの満足感を高めるのが難しい。しかし、パフェは満腹感を感じるサイズに仕立てることができるため、より満足度を高めやすいアイテムだという点にも取り組みがいを感じているという。

また、スイーツは味わい以外の側面も重要だというのも江口さんが大切にしているところ。たとえば、パフェのネーミング。抹茶を使ったパフェには「利休」、マロンづくしのパフェには「パーフェクト・マロン」。遊び心もまた、おいしさの一部と位置づける。

ロイヤルミルクティー
→ P.227

マンハッタンベリー
→ P.215

利休
→ P.221

ダム・ブランシュ
→ P.214

パーフェクト・マロン → P.119

江口和明さん

1984 年東京都生まれ。製菓専門学校卒業後、「渋谷フランセ」「カファレル」「デルレイ」「デカダンス ドゥ ショコラ」などを経て、2013 年「デリーモ」のシェフショコラティエ＆パティシエに。

フルーツパーラーゴトー

東京都台東区浅草 2-15-4
☎ 03-3844-6988

創業は1946年。もとは果物商で、65年にフルーツパーラーに業態を変えた。以来、長年、店を切り盛りしてきた節子さんに代わり、息子の浩一さんが店主に。現在のパフェのスタイルは浩一さんがつくりあげたもの。パフェの構成とデザインはシンプルながら、力強く、美しい。まず、グラスの底にはソースを。細長いボディ部分にはバニラアイスクリームをすき間なく詰める。その上には、浩一さんの妻である美砂子さんが毎朝手づくりするアイスクリームが。グラスのふくらみを生かし、アイスクリームを囲むようにして放射状にフルーツを盛り、フルーツの中央には生クリームをたっぷりと。デザイナーとして活躍していたセンスが生きる。

パフェのメニューラインナップはフルーツパフェのほか、マスクメロン、パイナップル、バナナの定番4品に加え、季節代わりのものを4～6品用意する。お客に配られるメニューはすべて、浩一さんが毎朝作成し、デザイン。使っているフルーツの品種の味わいや特徴、どのような品種の交配によってできたものか、パフェの構成などについての詳しい説明が載っており、持ち帰るファンやフルーツ好きも多い。

季節代わりのパフェは、甲州百匁柿、紅まどんな、秀玉など、圧倒的においしい品種のものは単体でパフェとするほか、和ナシとリンゴとカキとブドウといったことなるフルーツを数種類盛りあわせたものも。ブドウ、柑橘などの、品種が多くて、品種ごとに味の特徴がはっきりと出るフルーツは10種以上を1本に入れこみ、食べ比べを楽しませる。

フルーツパフェ
→ P.82

甲州百匁柿のパフェ
→ P.151

白いいちご（淡雪）の入った
5種のいちごのパフェ
→ P.35

12種の柑橘系のパフェ
→ P.157

いちごとバナナのチョコパフェ→ P.137

後藤浩一さん

1961年、東京都に生まれる。生まれも育ちも浅草。出版社、広告代理店勤務を経て、グラフィックデザイナーに。2009年より、実家の青果店兼フルーツパーラーの三代目店主に。

写真左から後藤節子さん、浩一さん、美砂子さん。© 高島不二男

フルーツパーラーフクナガ

東京都新宿区四谷 3-4 F ビル 2F
☎ 03-3357-6526　　　　　　　　　2023 年 2 月閉店

レトロで素朴なたたずまいのパフェが時代をこえて愛され続けている。代々、果物専門店を営む家系に育った店主西村さんは、子どもの頃からおいしい果物を食べて育った。23 歳で開業。20 年前にくも膜下出血で倒れてからは、フルーツが心身の健康にいかに寄与するかを強く意識するように。モットーは「心と体が喜ぶものを。おいしく食べて健康になろう」。果肉ごと凍らせてつくるシャーベットには、カロテンなどの栄養がもっともたくさん含まれる皮やワタなどもときに使い、フルーツのおいしさと栄養を丸ごと摂れるパフェを追求している。パフェの構成は、フルーツ、自家製シャーベット、ミルクアイスのみといたってシンプル。フルーツ自体のおいしさをできるだけストレートに味わってもらえるよう、皮つきのまま大ぶりに切って、どんとのせるのがフクナガスタイル。手に持ってかぶりついてもらい、五感をフルに使って果物を味わってもらいたい。メロンパフェを食べた子どもが「このパフェ、ぜんぶメロンだった！」と言ったというエピソードからもうかがえる通り、そのままでもおいしいフルーツをさらにおいしく堪能できる形にしたのがフクナガのパフェなのだ。大切にしているのは、お客との信頼関係。「最近疲れているから、元気になりたくて食べに来ました」「このフルーツはどうやって食べるのがおいしいんですか？」と話しかけてくるお客がたえない。一見強面ながら、果物について語るときには、とびきりの笑顔がもれる。

フルーツパフェ
→ P.82

ブドウのパフェ
→ P.52

イチゴのパフェ
→ P.34

洋梨のパフェ
→ P.100

柿のパフェ→ p.150

西村誠一郎さん
1950 年東京都生まれ。大田市場の前身である神田青果市場の組合長を務めた曽祖父の代より、果物専門店を営む。23 歳で実家の青果店の 2 階にフルーツパーラーフクナガを開店。

ホテル インターコンチネンタル 東京ベイ ニューヨークラウンジ

東京都港区海岸 1-16-2
☎ 03-5404-7895

東京臨海新交通臨海線（ゆりかもめ）の竹芝駅から徒歩1分。ホテル1階に位置するラウンジでは、德永純司さんがエグゼクティブ シェフ パティシエに就任した2016年より、「大人のパフェ」と銘うったシリーズを展開。シーズンごとに旬のフルーツを使ったパフェを1品提供する。パフェづくりにおいて意識しているのはグラスの中に美しい層ができる構成、盛りつけであること。また、口どけのよくないビスキュイ生地は使わず、チュイルやサブレなどの軽やかな食感のものを間にはさんで、カリカリ、サクサクとしたリズム感を出している。構成を考えるときは、メインとなるフルーツにどのようなアイスクリーム類をあわせるかをまず決め、次にジュレ類を決めて味わいのバランスをとり、クリーム類でさっぱりか濃厚かといった味の方向性を調整するという流れで考える。アイスクリーム類は暑い季節にはグラニテやソルベなどのさっぱりとしていて、溶けたら冷たいドリンクとして飲めるようなものを、寒い季節には乳脂肪分多めのアイスクリームなど濃厚なものをあわせる。

素材の組みあわせは、主となるフルーツをいかに引き立てるかを重視。たとえばクリのパフェならば、旬を同じくする洋ナシをあわせ、秋らしい味わいのキャラメルでアクセントをつける。また、中心に種のある核果どうしは相性がよいことから、モモにライチを、サクランボにピスタチオをあわせるなど、素材についての知識と経験を駆使する。

大人のさくらんぼパフェ
→ P.75

大人の桃パフェ
→ P.17

大人の苺パフェ
→ P.23

大人の栗と洋梨のパフェ
→ P.107

德永純司さん

1979年愛媛県生まれ。「ザ・リッツカールトン東京」シェフパティシエなどを経て、2016年4月より「ホテル インターコンチネンタル 東京ベイ」のエグゼクティブ シェフ パティシエ。

パフェ

フルーツカットのテクニック、
デザインと盛りつけのメソッド

初版発行　2018 年 7 月 30 日
5 版発行　2023 年 9 月 10 日

編者 ©　柴田書店
発行者　丸山兼一
発行所　株式会社 柴田書店
　　　　東京都文京区湯島 3-26-9　イヤサカビル　〒113-8477
　　　　電話　営業部　03-5816-8282（注文・問合せ）
　　　　　　　書籍編集部　03-5816-8260
　　　　URL　https://www.shibatashoten.co.jp
印刷・製本　図書印刷株式会社

本書掲載内容の無断掲載・複写（コピー）・引用・データ配信等の行為は固く禁じます。
乱丁・落丁本はお取替えいたします。

ISBN 978-4-388-06283-6
Printed in Japan
©shibatashoten 2018